ジュディス・バトラー

Judith Butler

佐藤嘉幸 + 清水知子 訳

非暴力の力

THE FORCE OF NONVIOLENCE

青土社

武器、物理的な力、あるいは剝き出しの力を行使する余地があるときにはいつでもいかなる程度であれ、そこではそれだけ魂の力を発揮できる可能性が遙かに少なくなる。

——マハトマ・ガンディー

今日、選択はもはや暴力か非暴力かではない。非暴力か非存在かである。

——マーティン・ルーサー・キング・ジュニア

（非暴力の）遺産は個人の遺産ではなく、レイシズムや不平等の諸力に決して屈しないことを宣言するために団結して立ち上がった、おびただしい人々の集団的な遺産である。

——アンジェラ・デイヴィス

非暴力の力　目次

凡例

＊ 本書の底本は、Judith Butler, *The Force of Nonviolence: An Ethico-Political Bind*, Verso, 2020 である。

＊ 本文中の引用は、引用元の原書と邦訳書を参照して訳出した（邦訳は文脈に応じて変更した）。引用の出典は、註において英訳書、原書を記し、邦訳が存在する場合は邦訳書を［ ］の中に記した。

＊ 原文中のイタリック体は、強調の場合には傍点を、書名の場合には『 』を付した。原文中の大文字で始まる語には〈 〉を付した。また、fantasy（幻想）と phantasy（《幻想》）のように、訳語を区別するために必要な場合、《 》を付して区別した。

＊ 本文中の［ ］は文脈を明確にするための訳者の補足や、原語を示すために使用した。複数の意味合いを持つと思われる語は、＝で訳語を連結させて示した。

＊ 引用文中の〔 〕は引用者バトラーによる補足である。

非暴力の力

謝辞

二〇一六年のイェール大学でのタナー講義、二〇一八年のグラスゴー大学でのギフォード講義、二〇一九年のユニバーシティ・カレッジ・ダブリンでのカミング講義において本書の各章の初期のヴァージョンを聞いて下さった、聴衆および応答者の方々に感謝する。また、バルセロナ現代文化センター、チューリッヒ大学、パリ政治学院、東京の明治大学、アムステルダム自由大学、ベルグラード大学哲学・社会理論研究所、ニュースクール・フォー・ソーシャル・リサーチ批判的社会調査研究所、ウィットウォーターズランド大学社会経済研究所（WISER）、二〇一五年にケンブリッジで開催された「心理学と他者」会議、二〇一四年の現代語学文学協会において批判的に関与して下さった、聴衆や同僚の方々にも感謝する。カリフォルニア大学バークレー校の学生たち、そして批評理論プログラム国際コンソーシアムの同僚たちには心からの感謝を捧げる。彼らのおかげで、私は常に心を研ぎ澄ますことができた。そしていつものように、ウェンディ・ブラウンに、彼女の知性の喜ばしい仲間であることに、また彼女の絶え間ない支えに感謝する。本書を、カリフォルニア大学バークレー校での大切な友人かつ同僚であるサバ・マムードに捧げる。言うまでもなく、彼女は本書の議論には反対しただろう。そして、私はそのやりとりをかけがえのないものだと考えている。

第二章と第三章は、二〇一六年にイェール大学のホイットニー人文学センターで行ったタナー講義を改訂し増補したヴァージョンである。第四章の初出は Richard G. T. Gipps and Michael Lacewing, eds., *The Oxford Handbook of Philosophy and Psychoanalysis*, Oxford: Oxford University Press, 2019である。

序章

非暴力を主張すると、あらゆる政治的領域から懐疑的な反応が返ってくる。左派には、暴力だけがラディカルな社会的、経済的変革をもたらす力を持つと主張する人々もいれば、より控え目に、暴力はそうした変革をもたらすために自由に使える戦術の一つであり続けるべきだ、と主張する人々もいる。非暴力を、あるいはその代わりに道具的、戦略的な暴力の行使を支持する議論を展開することはできるが、そうした議論を公の場で行うことができるのは、何が暴力と非暴力を構成するのかについて一般的な合意が存在する場合に限られる。非暴力支持者が直面する主要な課題の一つは、「暴力」と「非暴力」という言葉が論争の的になっていることだ。例えば、発話による侮辱行為を「暴力」と呼ぶ人がいる一方で、明白な脅迫の事例を除けば、言葉を「暴力的」と呼ぶことは適切ではないと主張する人々もいる。しかしまた、「殴打」を暴力の決定的な物理的契機として理解する、限定的な暴力観を持つ人々もいる。また、経済的、法的構造が「暴力的」であり、必ずしも物理的暴力という形を取らなくても、そうした暴力が諸身体に作用していると主張する人々もいる。実際、殴打という形象は、暴力についての主要な議論の幾つかを暗黙のうちに組織してきたし、暴力とは時に激しく衝突する二者の間で生じるものであると示唆してきた。しかし私たちは、物理的殴打の暴力については議論するまでもなく、制度的《システミック》レイシズムを含む社会的な構造やシステムが暴力的だと主張することができる。実際、頭や身体への物理的打撃が制度的暴力《システミック・バイオレンス》の表現であることもあるし、その場合には、行為と、構造や制度との関係を理解できなければならない。構造的、制度的暴力を理解するためには、暴力の作用の仕方に関する私たちの理解を制限する実定的《ポジティヴ》な説明を超えて、その先に進まなければならない。また、ある者が攻撃し、別の者が攻撃される、という二つの形象に依拠した枠組みではなく、より包括的な枠組みを見出さなければならない。もちろん、打撃、殴打、（レイプを含む）性暴力行為を説明できない暴力の説明、あるいは、暴力が親密な二者や対面的対決において働く方法を理解できない暴力の説明は、記述的にも分析的にも、暴力とは何かを、つまり、暴力と非暴力について議論する際に私たちが何を語っているのかを明らかにすることはできないのである。[1]

　単純に暴力に反対し、その問題に関する自分の立場をそうした言明で要約することは、簡単なはずだと思われている。しかし私たちは、公の議論において、「暴力」は変化しやすく、その意味は異議申し立てを呼び起こす仕方で我有化される、という点を理解する。諸々の国家や組織は、政治的見解の相違の、あるいは当該の国家や組織権威への反発の様々な表現を「暴力的」と呼ぶことがある。デモ、泊まり込み抗議《エンキャンプメント》、集会《アセンブリ》、ボイコット、ストライキはどれも、それが物理的戦闘や、前述の制度的、構造的暴力の諸形式を取っていなくても、「暴力的」と呼ばれる事態を免れない。[2]諸々の国家や組織がこのような行為を行うとき、彼らは非暴力的諸実践を暴力的なものと名付け直そうとし、言わば、公的意味のレベルで政治的戦争を行っているのである。表現の自由を支持するデモが、つまり、まさにその自由を行使するデモが「暴力的」と呼ばれるとすれば、それは、そのように言葉を誤用する権力が反対派を中傷することで、また、そのように自由を行使し擁護しようとする人々に対する警察、軍、治安部隊の出動を正当化することで、自らの暴力の独占を確保しようとしているからに他ならない。アメリカ研究の専門家チャンダン・レディの議論によれば、合州国の自由主義的近代性《リベラル・モダニティ》の形式は、暴力からの自由を保証するものとして国家を措定しているが、そうした保証は基本的に、人種的マイノリティや、非合理的で国家の規範から外れると見なされたすべての人々に対する暴力を解き放つことに依拠している(3)。彼の見解では、国家は人種的暴力に立脚しており、マイノリティに対して制度的な仕方で暴力を加えている。このように、人種的暴力は国家の自己防衛に役立つものと理解されている。合州国およびその他の地域では、路上や自宅にいる黒人や褐色の人々が、武器を持っていなくても、歩いていても、あるいは逃げていても、苦情を言おうとしても、あるいは単にぐっすり眠っていても、彼らを逮捕し射殺する警官から「暴力的」だと言われたり、あるいはそう見なされたりすることがどれほど多いことか(4)。そのような状況下で、暴力の擁護がどう機能しているかを理解することは、興味深いと同時に恐ろしいことだ。というのも、警察による致死的行動が自己防衛＝正当防衛［selfdefense］として現れるためには、対象《ターゲット》が脅威として、現実的あるいは現働的な暴力の器として形象化されねばならないからだ。もしその人が明らかに暴力的なことを何もしていなければ、そのとき恐らく、その人は単に、暴力的な人、すなわち暴力的な類いの人として、あるいはその人によって具現化《エンボディ》＝身体化された純粋な暴力として形象化されるだろう。後者の主張は多くの場合、レイシズムを明示している。

そのとき、暴力に賛成か反対かという一見道徳的な議論として始まるものはすぐに、暴力をどう定義するのか、誰を何の目的で「暴力的」と呼ぶのか、という議論に変わる。検閲、あるいは民主的自由の欠如に反対してある集団が集会《アセンブル》＝集合し、その集団が「暴徒《モブ》」と呼ばれる、あるいは社会秩序に対する無秩序的もしくは破壊的脅威であると理解されるとき、その集団は、潜在的あるいは現実的に暴力的であると名指され、そのように形象化される。そのとき、国家はこの暴力的脅威から社会を守るための正当化を行うことができる。それに続くのが投獄、傷害、あるいは殺害である場合、その場面での暴力は国家暴力として現れる。国家暴力が、自らの権力を行使して、ある集団の人々が異議を唱える力を「暴力的」と名指し、そう表象したとしても、私たちは国家暴力を「暴力的」と名指すことができる。同様に、二〇一三年にイスタンブールのゲジ公園で行われた平和的なデモや(5)、二〇一六年に多数のトルコの学者が署名した平和を求める書簡も(6)、国家が独自のメディアを持っているか、メディアを十分にコントロールしている場合にのみ、事実上「暴力的」行為として形象化され、表象され得る。そのような状況下では、集会の権利を行使することは「テロリズム」の発露と呼ばれ、さらに、国家による検閲、警察による棍棒やスプレーの使用、解雇、無期限の拘留、投獄、国外追放をもたらすのだ。

明確かつコンセンサスを得る形で暴力を特定することができれば、問題はより簡単になるだろう。しかし、暴力を反対派に帰属させる力自体が、国家権力を強化する道具となり、反対派の目的を失墜させ、さらには彼らの過激な権利剝奪、投獄、殺人を正当化する道具になるような政治的状況では、それは不可能であることがわかる。そのような場合には、そうした暴力の帰属は不正であり不公平であるという理由で対抗しなければならない。しかし、何が暴力的で何が暴力的ではないのかについて意味的混乱が広められている公的領域において、それはどのように行われるのだろうか。私たちは、暴力と非暴力について数々の混乱した意見を押し付けられ、全般化した相対主義を認めるよう強いられているのだろうか。あるいは私たちは、暴力の方向性を偽り逆転させるような暴力の戦術的帰属と、しばしば構造的、制度的で、さらにしばしば直接的な命名や理解を逃れるような暴力の諸形式とを区別する方法を確立できるのだろうか。

　非暴力を支持する議論をしたいなら、言説的、社会的権力、国家権力の場の中で暴力が形象化され、帰属させられる仕方や、戦術的に遂行される逆転、また帰属そのものの《幻想》的[phantasmatic][1]特徴を理解し、評価する必要があるだろう。さらに、国家暴力が自らを正当化するための図式、また、その正当化図式と暴力の独占を維持するための活動との関係を批判しなければならないだろう。そうした独占は、しばしば暴力を法的強制力として隠蔽し、自分自身の暴力を対象に外在化させて他者の暴力として再発見する、名付けの実践に依拠している。

　非暴力への賛否を論じるためには、可能なら、私たちは暴力と非暴力の差異を規定する必要がある。しかし、暴力的な目的や実践を隠蔽し拡大する目的でこの二つの意味的区別が極めて頻繁に悪用されるとき、この二つの安定した意味的区分に到達する迅速な方法はない。換言すれば、言葉の使用を様々な方向に向かわせる諸々の概念的図式を通過することなく、また、それらの配置がどう機能しているのかを分析することなく、現象そのものへと向かうことはできない。いかなる暴力行為にも関与していないにもかかわらず暴力を振るっていると告発された人々が、その告発の地位は不当だと異議を唱えようとする場合、彼らはその暴力の申し立てがどう使われるかを説明しなければならない。つまり、単に「それが何を述べているのか」ではなく、「述べられた内容によってそれが何をしているのか」を説明しなければならないのだ。それはどのようなエピステーメーの中で信頼を得ているのだろうか。換言すれば、なぜそれが時に信用されることがあるのだろうか。そして最も重要な問いだが、言語行為《スピーチ・アクト》の効果的特徴、つまりその信頼性の効果を明らかにし、それを打破するにはどうすればよいのだろうか。

そうした道を歩み始めるには、暴力とは何であれ権力者がそうあるべきと決定するもののことだ、という考えで満たされたニヒリズムの一形式に陥ることなく、「暴力」と「非暴力」が可変的で倒錯的な仕方で使用されることを受け容れなければならない。本書の課題の一つは、暴力の定義が政治的利益や時には国家暴力そのものに奉仕する道具的定義に従うようなときに、暴力の定義を発見し、確立することの困難さを受け容れることである。私の考えではその困難さは、虚偽で有害なその区別の道具的使用を明らかにするために批判的思考の任務の土台を掘り崩してしまうような、混沌とした相対主義を含意するものではない。暴力も非暴力も、過去の用法によって既に解釈され徹底操作された道徳的議論や政治的分析の場に到達している。もし私たちが国家暴力に反対し、左派の暴力的戦術の正当化可能性について注意深く考察したいと望むなら、暴力と非暴力の両方を解釈し、両者の区別を見極めよ、という要求を決して避けることはできない。ここで道徳哲学に足を踏み入れるとき、私たちは道徳哲学と政治哲学の交差流《クロスカレンツ》に身を置くことになり、そしてそれは、私たちが結局どのように政治を行うのか、またどのような世界の実現に貢献しようとするのかに影響を与えるのである。

暴力の戦術的使用を擁護する左派の最も一般的な議論の一つは、多くの人々が既に暴力の力場の中で生きている、という主張から始まる。議論は次のように続く。暴力は既に起きているのだから、自らの行動を通して暴力に参入するかどうかを現実的に選択することはできない、私たちは既に暴力の場の中にいる、というわけだ。この見解によれば、暴力的に行為するか否かという問いに対して道徳的熟慮が取る距離は、特権的で贅沢なものであり、自分自身の場所の力に関する何かを裏切るものである。この見解によれば、暴力行為について検討することは選択ではない。なぜなら、人は既に——そして不本意ながら——暴力の力場の中にいるからだ。暴力は常に起きている（そしてそれはマイノリティに対して定期的に起きている）のだから、そうした抵抗は対抗暴力の一形式にすぎない、というわけだ[7]。革命的な目的には「暴力的闘争」が必要だという一般的で伝統的な左派の主張とは別に、ここではより固有の正当化戦略が働いている。すなわち、暴力は私たちに対して起きているのだから、私たちは（a）暴力を発生させた人々、（b）暴力を私たちに向けた人々に対して暴力的な行動を取ることが正当化される、という正当化戦略だ。私たちは、私たち自身の生と、私たちが世界に存続する権利の名において、これを行っているのである。

暴力への抵抗は対抗暴力であるという主張については、さらに一連の疑問を投げかけることができるかもしれない。暴力は常に循環しており、私たちが暴力の力場の中にいることに気付くとしても、暴力が循環し続けるかどうかについて私たちは発言したいと思うだろうか。もし暴力が常に循環しているとすれば、暴力が循環することは必然なのだろうか。暴力が循環する必然性に異議を唱えることは何を意味するのだろうか。「相手がそうしているのだから、私たちもそうすべきだ」という主張もあれば、「相手が私たちに対してそうしているのだから、私たちは自己保存の名において相手に対してそうすべきだ」という主張もあるかもしれない。これらはそれぞれ異なるが、重要な主張である。第一の主張は、相手がどのような行動を取ろうと、自分も同じような行動を取ることが許される、という単純な相互主義の原則に固執している。しかしながらこの議論の方向性は、相手の行動が正当化可能なものかどうかという問題を避けている。第二の主張は、暴力を自己防衛や自己保存と結び付けるもので、この議論については以後の諸章で取り上げる。とはいえ、差し当たり次のように問うてみよう。自己防衛という名において防衛されるこの「自己」とは誰なのだろうか。(8) その自己は、他の自己や、歴史、土地、あるいはその他の規定的諸関係からどのように境界画定されるのだろうか。暴力を振るわれる側も、ある意味では、暴力行為によって自己自身を守る「自己」の一部ではないだろうか。他者への暴力は同時に自己への暴力でもあるという感覚が存在するが、それは、それらの関係が両者を根本的に規定している場合に限られる。

この最後の命題は、本書の主要な関心を示している。なぜなら、もし非暴力の実践者が暴力を振るわれると想定される人と関係しているとすれば、そのとき、両者の間にはそれ以前に社会的関係があるように思われるからだ。両者は互いの一部であるか、一方の自己は他方の自己に関与している。そのとき非暴力とは、たとえそれがどれほど困難であるとしても、その社会的関係を承認する方法であり、それ以前の社会的関係性から帰結する規範的願望を確認する方法であろう。その結果、非暴力の倫理は個人主義に依拠したものではあり得ず、倫理や政治の基盤としての個人主義を率先して批判しなければならない。非暴力の倫理と政治は、諸々の自己が互いの生に関与し、破壊的であると同時に持続可能な一連の諸関係によって結び付けられる方法を説明しなければならないだろう。結び付け、定義する諸関係は、二者の人間の出会いを超えて広がっており、だからこそ、非暴力は人間関係だけでなく、あらゆる生者の相互構成的諸関係に関わっているのである。

とはいえ、社会的諸関係の探究に着手するためには、暴力的な出会いにおいて、両者の主体の間にどんな種類の潜在的あるいは現働的な社会的紐帯が持続しているのかを知らなければならない。もし自己が他者たちとの関係を通じて構成されているとすれば、そのとき、自己を保存あるいは否定することの意味の一部は、自己とその世界を定義する拡張された社会的絆を維持あるいは否定することである。自己は個人の自己保存の名において暴力的に行動することを余儀なくされる、という考えに対抗して本書の探究が想定するのは、社会的関係性の困難な場としての自己性［selfhood］という概念を切り開くために、非暴力は自我論的［egological］倫理と、個人主義の政治的遺産を批判する必要がある、というものだ。もちろんその関係性は、否定性によって、つまり対立、怒り、攻撃性によって定義される部分もある。人間関係の破壊的潜勢力はあらゆる関係性を否定するものではなく、また関係性の視点は、社会的絆のこの潜在的あるいは現働的破壊の執拗な存続を避けることができない。結果として、関係性はそれ自体では良いものではなく、結び付きの徴しでも、破壊に対抗して措定されるべき倫理的規範でもない。むしろ関係性とは、執拗に存在する構成的な破壊的潜勢力に照らして倫理的義務の問いを解決しなければならない、厄介で両価的《アンビヴァレント》な領野である。「正しい行い」がどんなことだとわかるにせよ、それは、最初にその倫理的決定を条件付ける分断や闘争の経験に依拠している。その作業は決して、完全に反省的なもの――つまり、私の私自身への関係のみに依拠するもの――ではない。実際、世界が暴力の力場として提示されるとき、非暴力の課題は、世界が暴力で飽和し出口がないように見える瞬間にこそ、暴力を抑制、改善し、あるいはその方向を転回するような仕方で、その世界で生き行動する方法を見つけることなのだ。身体はその転回の媒体《ヴェクトル》となりうるが、それだけでなく、言説、集団的実践、インフラストラクチャー、諸制度もその役割を果たすことができる。非暴力支持の立場は完全に非現実的であるという反論に対してこの議論が主張しているのは、非暴力に必要なのは現実と見なされるものの批判であり、このような時代における反現実主義の力と必要性を確認することである、というものだ。恐らく非暴力は、現在構成されている現実からのある種の離脱を必要とするのであり、より新たな政治的想像力となる可能性を切り開くだろう。

左派の多くの人々は、非暴力を信条としながらも、自己防衛は例外だと主張する。彼らの主張を理解するためには、「自己」とは誰なのか――つまり、自己の領域《テリトリー》の限界、境界、構成的絆――を知る必要がある。もし私が守る自己が、私、私の親族、私の共同体や国家や宗教に属するその他の人々、あるいは私と言語を共有する人々であるとすれば、そのとき私は、自分に似た人々の命は保存するが、私に似ていない人々の命は保存しない私的コミュニタリアンのように見える。さらに私は、その「自己」が自己として認識可能である世界に住んでいるように見える。特定の自己は守る価値があると見なされ、他の人はそうでない、と私たちが考えるなら、そこには、自己防衛のための暴力を正当化することから帰結する不平等の問題が存在するのではないだろうか。私たちは、価値ある（そして喪失された場合、潜在的な哀悼可能性を持つ）生とそうでない生をグロテスクに区別する人種的図式を考慮することなく、世界各地の諸集団に哀悼可能性の尺度を与えるこの形式の不平等を説明することはできないのである。

　自己防衛は極めて頻繁に、非暴力の実践を導く諸規範にとっての正当化可能な例外と見なされるが、私たちはこの点を考慮して、（a）誰がそのような自己として数えられるのか、（b）自己防衛の「自己」はどの程度包括的なのか（繰り返しになるが、それは自分の家族、共同体、宗教、国民、伝統的な土地、慣習を含むのか）を検討しなければならない。哀悼可能なものとは見なされない生（喪失されることも哀悼されることもあり得ないかのように扱われる生）――フランツ・ファノンの言う「非存在の領域《ゾーン》」(ii)で既に暮らしている生――にとって、ブラック・ライヴズ・マター運動に見られるような「命は重要だ《ア・ライフ・マターズ》」とする主張は、そうした「人種的」図式を打破することができる。命は、現れの領域の中で物理的な形を取るという意味で重要である。命は、等しく価値付けられるべきだからこそ重要なのだ。しかしながら、権力を行使する側の自己防衛の主張は、権力やその特権の擁護、それが前提し生産する不平等の擁護であることが極めて多い。そうした場合に守られる「自己」は、白人に、特定の国家に、国境紛争の一当事者に属する他者へと同一化する者である。それゆえ、自己防衛の諸条件は、戦争の目的を補強する。そうした「自己」は、自分の肌の色、階級、特権に似たすべての人々を拡張された自己の一部として含む、一種の体制《レジーム》として機能することができ、その結果、この構成原理《エコノミー》の中で差異を徴し付けられたすべての人々を、主体／自己の体制《レジーム》から追放することが可能になる。私たちは、外部から開始された殴打に対する応答として自己防衛を捉えているが、特権的な自己は、境界線を引き、その排除を取り締まるために、そうした挑発を必要としない。「あらゆる可能な脅威」――つまり、あらゆる想像上の脅威、あらゆる脅威の《幻想》[phantasm]――があれば、自己にその権利を付与された暴力を解放するには十分なのだ。哲学者エルザ・ドルランが指摘したように、自己防衛の権利があると見なされるのは、一部の自己だけである。(9) 例えば、法廷でより信頼されやすいのは誰の自己防衛＝正当防衛の主張であり、また、より考慮されず棄却されやすいのは誰の主張なのだろうか。換言すれば、誰が防衛可能と見なされる自己を持ち、権力の法的枠組みの中で価値ある生、防衛に値する生、喪失に値しない生として現れることができる存在なのだろうか。

左派が暴力を用いる際の最も強固な論拠の一つは、構造的もしくは制度的暴力を打ち負かすために、あるいはアパルトヘイト、独裁、全体主義といった暴力的体制を解体するために、暴力が戦略的に必要である、というものだ。(10) それは正しいかも知れず、私はこれに異議を唱えることはしない。しかし、この議論が成立するためには、体制の暴力と、体制を崩壊させようとする暴力とを何が区別するのかを知る必要があるだろう。そうした区別を行うことは常に可能なのだろうか。一方の暴力と他方の暴力との区別が崩壊し得るという事実に直面しなければならないこともあるのだろうか。換言すれば、暴力はそうした区別や、さらには、私たちの類型のいずれかに関心があるのだろうか。暴力の行使は暴力を倍増させ、必ずしも事前に抑制できない方向に向かうのだろうか。

暴力を肯定する論拠として時に主張されるのは、暴力は別の目的を達成するための手段に過ぎない、というものだ。そのとき、問いの一つは次のようになる。暴力は、それ自体が目的になることなく、暴力――その構造やその体制――を崩壊させるための単なる道具あるいは手段に留まることができるのだろうか。暴力を道具主義的に擁護することは、暴力が目的そのものになることなく、道具、手段としての地位に限定され得る、と示すことができるかどうかに決定的に依存している。こうした目的を実現すべく道具を使用するためには、道具が明確な意図によって導かれ、行動の全過程を通じてそのように導かれ続けることが前提となる。そのためにはまた、暴力的行動の過程がいつ終わるのかを知ることも必要となる。暴力が手に負えなくなった場合、暴力がまったく意図されていない目的のために使用され、暴力を統御する意図に従わない場合には、何が起こるのだろうか。暴力がまさしく、常に「手に負えなくなる」ような現象であるとしたらどうだろうか。最後に、ある目標を達成するための手段として暴力を行使することが、暗黙のうちに、あるいは事実上、より広範な暴力行使を許容し、それによって世界にさらなる暴力をもたらすとしたらどうだろうか。それによって、反対の意図を持つ他の人々が、自らの意図を実現するために、再活性化された［暴力行使の］許容に依拠して、その道具的使用によって制約された諸目的に反する破壊的諸目的――それは、明確な意図によって統御されていないものかもしれないし、あるいは、破壊的で焦点が定まっておらず、意図的でないものかもしれない――を追求する、という状況が生じる可能性もあるのではないだろうか[11]。

私たちが理解できるのは、暴力と非暴力をめぐるあらゆる議論の端緒で、私たちは別の一連の問題の中に捕えられている、ということだ。第一に、「暴力」［という概念］が、まったく異なる仕方で解釈される諸状況を説明するために戦略的に用いられる、という事実から、暴力は常に解釈されている、ということが示唆される。このテーゼは、暴力が単なる解釈であり、そのとき解釈は主観的で恣意的な指示様態と見なされる、という意味ではない。むしろ暴力は、時として通約不可能な、あるいは相反する枠組みの中に現れるという意味で解釈されるのであり、それゆえ、問題となる（複数の）枠組みによってそれが徹底操作される仕方によって、異なった形で現れる――あるいは、まったく現れない――のである。暴力の定義を安定させるためには、その事例を列挙することよりも、対立する諸々の政治的枠組みの中での暴力の揺れを説明できる概念化が必要である。実際、そうした目的を持った新しい枠組みを構築することが、このプロジェクトの目的の一つである。

第二に、非暴力は極めて頻繁に、道徳的立場であり、個人の良心の問題である、あるいは、暴力的手段には関与しないという個人の選択に与えられた理由の問題である、と理解される。しかしながら、非暴力を実践する最も説得力ある理由が、直接的に個人主義批判を含意しており、私たちを生物として構成する社会的紐帯を再考することを要請している、ということはあり得る。それは単に、暴力的に行為すれば、個人は自らの良心を、あるいは確固として保持する原則を捨てることになる、ということではなく、むしろ、社会生活に必要なある種の「絆」、つまり社会的生物の生が暴力によって脅かされる、ということなのである。同様に、自己防衛に基づいて暴力を正当化する議論は、「自己」とは何か、誰が「自己」である権利を持つのか、その境界がどこにあるのかを予め知っているように見える。しかしながら、もし「自己」が関係的なものと見なされるとすれば、そのとき自己防衛の擁護者は、何がその自己を束ねているのかを十分に説明しなければならない。もし、ある自己が一連の他者たちと決定的に結び付き、彼らなしには考えられないとすれば、そのとき、その単一の自己はいつ、どこで始まり、終わるのだろうか。このとき、暴力に反対する議論は、個人主義批判を含意するだけでなく、非暴力を必要とする社会的紐帯あるいは諸関係を練り上げることを含意している。こうして、個人的道徳の問題としての非暴力は、生と持続可能な紐帯をめぐる社会哲学に道を開くのである。

さらに、必要不可欠な社会的紐帯の説明は、擁護する価値のある「自己」が政治的領野の内部で分節化される、社会的に不平等な方法との関係において考えられねばならない[12]。社会的紐帯がなければ生は危険に曝されるが、そうした社会的紐帯の記述は社会的存在論のレベルで行われ、社会的なものの形而上学というより、社会的想像力として理解されねばならない。換言すれば、私たちは、社会的相互依存が生を特徴付けている、と一般的な仕方で主張した上で、暴力をその相互依存への攻撃、つまり人々への攻撃として説明することができる。しかし、恐らく最も根本的には、それは「紐帯」への攻撃なのだ。しかしながら相互依存は、自立と依存の差異を説明しつつも、社会的平等を含意している。つまり、各自は依存しているのであり、あるいは、依存し依存されるという諸関係の中で形成され、維持されているのだ。各自が依存するもの、また各自に依存するものは様々である。というのも、それは単に他の人の生だけでなく、知覚ある他の生物、環境、インフラストラクチャーでもあるからだ。生存可能な世界を維持するために、私たちはそれらに依存し、それらもまた私たちに依存している。もし私たちが「人間」によって、その境界によって定義され得るような、単数で個別の個人を意味するとすれば、こうした文脈で平等に言及することは、あらゆる人間の平等を語ることではない。特異性や個別性が境界と同様に存在するが、それらは、相互関係性によって定義され維持された諸存在の差異化＝差別化的特性を構成している。この相互関係的なものの包含的感覚がなければ、私たちは身体の境界を、人間の閾や、通過と多孔性の場や、身体そのものを定義する他性への開かれの根拠としてではなく、限界として考えてしまう。身体の閾、閾としての身体は、単位としての身体という概念を掘り崩す。それゆえ平等は、各々の抽象的な人間に同じ価値を与える計算法に還元することはできない。なぜなら人間の平等は、今やまさしく社会的相互依存の観点から考察されねばならないからだ。つまり、各々の人間が平等に扱われるべきであるのは当然として、平等な扱いは、物質的資源、食糧の分配、住居、仕事、インフラストラクチャーが平等な生存可能性の条件を達成しようとするような、生の社会的組織化の外部では不可能なのである。従って、語の実質的な意味での「平等」を規定するためには、こうした生存可能性の平等な条件に言及することが不可欠である。

さらに私たちは、誰の生が守るに値する「自己」であるのか、つまり自己防衛にふさわしい対象であるのかと問うとき、ある生を他の生より生存可能で哀悼可能なものとして確立する不平等の諸形式が蔓延していることを認識しなければ、この問いは意味をなさない。それら諸形式は特定の枠組みの中でこの不平等を確立するのだが、この不平等は歴史的なものであり、競合する数々の枠組みによって異議を申し立てられている。それは、どんな生の本質的価値についても何も語っていない。さらに、諸人口《ポピュレーションズ》＝住民が価値付けられたり、価値剝奪されたり、保護されたり、遺棄されたりする広範に行き渡った差異的＝差別的な方法について考えるとき、私たちは、その不平等な哀悼可能性を確立することで生の不平等な価値を確立する権力の諸形式に直面する。ここで私は、

「諸人口《ポピュレーションズ》＝住民」を社会学的所与として扱うつもりはない。というのも、それらはある程度、侵害や破壊への共通の曝されによって生み出されるからであり、それらを哀悼可能なもの（存続させるに値するもの）や哀悼不可能なもの（既に喪失されており、それゆえ破壊しやすい、あるいは破壊的諸力に曝されやすいもの）と見なす差異的＝差別的手段によって生み出されるからだ。

社会的紐帯と不平等な哀悼可能性の人口学をめぐる議論は、暴力を正当化するために、あるいは非暴力を擁護するために用いられる主張をめぐる冒頭の議論とは無関係に見えるかもしれない。しかしながら重要なのは、これらの議論がどれも、何を暴力と見なすかについての考えを前提としている、ということだ。というのも暴力は、常にそうした議論の中で解釈されるからだ。これらの議論はまた、個人主義、社会的関係性、相互依存、人口統計学、平等についての見解も前提としている。もし私たちが、暴力が破壊するものは何か、あるいは、非暴力の名において暴力を名指し、暴力に反対する根拠は何かと問うなら、そのとき、暴力的諸実践（と諸々の制度、構造、システム）をそれらが破壊する生の諸条件に照らして位置付けなければならない。私たちは、生と生存可能性の諸条件、そしてそれらの相対的な差異を理解しなければ、暴力は何を破壊するのか、なぜそれに関心を持つべきなのかを知ることはできないのである。

第三に、ヴァルター・ベンヤミンが一九二〇年の試論「暴力批判論」で明らかにしたように、暴力を正当化する支配的方法は、道具主義的論理によって支配されてきた。[13] ベンヤミンがその複雑な試論で提示する最初の問いの一つは、暴力について考える際に、なぜ道具主義的枠組みが不可欠のものとして受け容れられてきたのか、というものだ。暴力はどのような目的を達成することができるのかと問う代わりに、問いそのものをそれ自体に向け直し、次のように問うてみてはどうだろうか。つまり、暴力の正当化可能性を議論するための道具主義的枠組み、換言すれば、手段／目的の区別に依拠する枠組みを正当化するものは何か、と。実際のところ、ベンヤミンの論点はそれとは微妙に異なっていることがわかる。彼の論点は、もし私たちが、暴力が正当化されるか、あるいは正当化されないか、という枠組みの中でしか暴力について考えないとすれば、その枠組みは暴力現象を予め規定してしまうのではないか、というものだ。ベンヤミンの分析は、道具主義的枠組みが暴力現象を規定する方法に私たちの注意を喚起するだけでなく、次のような問いに通じている。暴力と非暴力の両者を、道具主義的枠組みを超えて考えることができるだろうか、また、どのような倫理的、政治的な批判的思考の新しい可能性が、その開かれから生じるだろうか。

ベンヤミンのテクストが多くの読者に不安を引き起こすのは、まさしく、何が暴力を正当化し、何が正当化しないのか、という問いを読者が宙吊りにしたくないからだ。その場合の不安とは、正当化の問いを脇に置けば、あらゆる暴力が正当化されるのではないか、というものだと思われる。しかしながらこの結論は、問題を正当化の図式に差し戻しているため、道具主義的論理を疑問に付すことでどのような可能性が開かれるのかを理解していない。ベンヤミンはこうした考察に必要な種類の答えを提示していないが、手段／目的の枠組みへの彼の問いかけは、私たちがテクネー［道具］の観点の外でその議論を考察することを可能にする。暴力は暫定的な戦術あるいは道具にすぎないと主張する人々にとって、彼らの立場に対する異議申し立ての一つは次のような形を取る。もし道具がその使用者を利用でき、暴力が道具であるとすれば、そのとき、暴力はその使用者を利用できるということになるのではないか。道具としての暴力は、誰かがそれを開始する前に既に世界で機能している、という事実だけでは、道具の使用を正当化することも価値剝脱することもできない。とはいえ、最も重要だと思われるのは、道具が既に実践の一部であり、その使用を促す世界を前提としている、ということであり、また、道具の使用が特定の種類の世界を構築または再構築し、使用の堆積した遺産を活性化させる、ということなのである。[14]私たちの誰かが暴力行為を行うとき、私たちはその行為において、またその行為を通じて、さらに暴力的な世界を構築することになる。最初は目的が達成されたら捨てられる単なる道具、テクネーのように見えるものが、実はプラクシス、つまり、自らが現働化される瞬間に目的を措定するような手段であることがわかるのであり、そのとき手段は、その現働化の過程で目的を前提とし、それを行為化するのである。これは、道具主義的枠組みの中では把握できない過程である。目的よりむしろ手段としての暴力の使用を制限する徹底した努力とはまったく別に、手段としての暴力の現働化は、意図せずしてそれ自体の目的となり、新たな暴力を生み出し、さらなる暴力を生み出して、許可を反覆し［reiterating］、さらなる暴力を許可することになりかねない。暴力は、正当な目的を実現する際に自らを消尽することはなく、むしろ、熟慮された意図と道具的図式の両者を超える方向に自らを更新していく。換言すれば、私たちは、暴力の行使が非暴力的目的を達成するための手段であるかのように行為することで、暴力の実践が行為において、暴力をそれ自体の目的として措定することはない、と想像するのである。テクネーはプラクシスによって掘り崩され、暴力の行使は、世界にさらなる暴力をもたらすことで、世界をより暴力的な場所に変えてしまうだけなのだ。ジャック・デリダによるベンヤミンの読解は、正義が法を超える方法に焦点を当てている[15]。しかし神的暴力は、法を超える統治技術の可能性を切り開くかもしれず、それゆえ、何が正当化の資格を持つのか、また、正当化の枠組みがどのように「暴力」と呼ばれるものを部分的に規定するのかについて、解釈上の議論を引き起こすかもしれない。私たちはこの問いを、第三章「非暴力の倫理と政治」で考察する。

本書の中で、私は非暴力の幾つかの主要な前提を問題にしたい。第一に、非暴力は今日、可能な行動の領域に対して個人が取る道徳的立場というより、社会的、政治的に協調して行われる実践として理解されねばならない。そうした実践は最終的に、制度的な破壊形式に対する抵抗の形式となり、経済的、社会的、政治的な自由と平等の理想を具現化するような、グローバルな相互依存を尊重する世界構築への関与となるのだ。第二に、非暴力は必ずしも、魂の平和で穏やかな部分から生じるわけではない。極めて多くの場合、非暴力は怒り、憤激、攻撃性の表現である[16]。攻撃性と暴力を混同する人々もいるが、非暴力の抵抗形式は攻撃的に追求できるし、またそうしなければならない、という事実を前景化することが本書の議論の中心となる。それゆえ、攻撃的な非暴力の実践とは語義矛盾ではない。マハトマ・ガンディーは次のように強調する。サティヤーグラハあるいは「魂の力」――非暴力の実践と政治のための彼の言葉――とは非暴力の力であり、それは同時に、「比類なき力で賛同者を武装させる［……］真実へのこだわり」から成り立っている。この力あるいは強さを理解するためには、それを単純に物理的《フィジカル》＝身体的な強さに還元することはできない。同時に、「魂の力」は身体化された形態を取る。政治権力の前で「力を抜く」実践は、一方では受動的な姿勢であり、受動的抵抗の伝統に属すと考えられている。同時にそれは、警察権力に身体を曝し、暴力の現場に参入し、政治的行為能力《エイジェンシー》の断固たる身体化された形式を実践する意図的な方法である。確かにそれは苦難を必要とするが、その目的は、自分自身と社会的現実とを変革することなのだ。第三に、非暴力とは、実践においては必ずしも常に十分に尊重されるとは限らない理想である。非暴力の抵抗を実践する人々は、自分の身体で外的権力の行く手を阻む限りにおいて、物理的接触を行い、その過程で力に対抗する力を発揮する。非暴力とは、力や攻撃性の欠如を含意するものではない。非暴力とは、言わば身体化の倫理的様式化であって、非行動の身振りや様態、障害物になる方法、身体の堅固さとその自己受容的な対象領域を使ってさらなる暴力の行使を阻止あるいは脱線させる方法に満ちているのだ。例えば、身体が人間の境界《バリア》を形成するとき、私たちはそれが力を阻止しているのか、力に関与しているのかと問うことができる[17]。ここでもまた私たちは、力の方向性について注意深く考え、身体的力と暴力を適切に区別しなければならない。時には、妨害は暴力であると思われるかもしれない——というのも、私たちは暴力的な妨害について語っているからだ——が、そのとき考慮すべき重要な問題の一つは、身体的な抵抗行為には、抵抗の力が新たな不正を犯す暴力的な行為や実践になり得る場としての、転回点への留意が含まれているか、ということである。この種の両義性《アンビギュイティ》の可能性は、私たちにこの種の実践の価値を思いとどまらせるべきものではない。第四に、根本的な倫理的、政治的両義性を交渉しない非暴力の実践は存在しない。つまり、「非暴力」とは絶対的原理ではなく、継続的な闘争の名なのである。

もし非暴力が「弱い」立場であるように見えるとすれば、私たちは次のように問うべきである。何をもって強さとするのだろうか。強さが暴力の行使、あるいは暴力を行使する積極的意志の現れと同一視されることを、私たちはどれほど頻繁に目にしてきたことだろうか。もし、この「弱さ」と見なされるものから生じる非暴力の強さがあるとすれば、それは、弱いものの力に関連しているのかもしれない。それが含むのは、概念的に無効化されてきた人々に存在を確立し、不必要と見なされた人々に哀悼可能性と価値を獲得させる社会的、政治的な力であり、また、暴力を名指したり誤って名指したりする、人を混乱させる語彙、時には極めて戦術的な語彙を提示する現代のメディアや公共政策の中で、判断と正義の可能性を主張する社会的、政治的な力なのだ。

異議を唱え、批判するという政治的努力が、その努力によって脅かされる国家機関そのものによってしばしば「暴力的」だとレッテルを貼られるという事実は、言語使用に絶望する理由にはならない。それが意味するのはただ、暴力や暴力への抵抗について考えるための政治的語彙を拡大し、洗練させねばならない、ということであり、その語彙がどのように歪曲され、批判や反対から暴力的機関を守るために利用されているのかを考慮しなければならない、ということである。継続的な植民地的暴力への批判が暴力的だと見なされ（パレスチナ）、平和の嘆願が戦争行為だと見なされ（トルコ）、平等と自由を求める闘いが国家セキュリティに対する暴力的な脅威だと解釈され（ブラック・ライヴズ・マター）、「ジェンダー」が家族に向けられた核兵器として描かれる（反ジェンダー・イデオロギー）とき、私たちは政治的に重要な《幻像《ファンタスマゴリア》》［phantasmagoria］の形式の直中で活動していることになる。このような立場の策略や戦略を明らかにするために、私たちは、パラノイアと憎悪に満ちた防衛的論拠のレベルで暴力が再生産される方法を追跡する立場に立たなければならない。

非暴力とは、行動の失敗というより、生の要求を物理的に主張することであり、生きた主張であり、諸々のネットワーク、泊まり込み抗議《エンキャンプメント》、集会《アセンブリ》を通じて発言、身振り、行動によってなされる主張である。これらはすべて、まさしく生者が視界から消し去られ、あるいは不可逆的な形の不安定性《プレカリティ》の中に投げ込まれている状況下でこそ、生者を価値あるものとして、また潜在的に哀悼可能なものとして作り直そうとする。不安定な《プレカリアス》人々は、自分たちの生そのものを脅かす権力に自らの生の状況を曝すとき、暴力的権力の指導的指針の一つ――すなわち、周縁にいる人々を不必要なものに分類し、彼らを周縁の彼方にある「非存在の領域」（ファノンの表現を借りれば）に押しやるという指針――を打ち破る潜勢力を持つ、執拗さの形を取るのだ。非暴力運動がラディカルな平等主義の理想の中で行われるとき、それは、生存可能で哀悼可能な生への平等な要求であり、個人主義の遺産を超えて展開する非暴力の倫理と政治にとって根本的に重要な、指導的な社会的理想の役割を果たす。それは、私たちの構成的相互依存によって部分的に定義される社会的自由について、新たな考察を切り開くのだ。そうした闘争は平等主義的想像力を必要とする――あらゆる生者の紐帯の中に存在する、破壊の潜勢力を考慮する想像力を。この意味で、他者に対する暴力とは自分自身に対する暴力であって、このことが明らかになるのは、暴力とは私たちの社会的世界である、あるいはそうであるべき生者の相互依存を攻撃するものだ、と私たちが認識するときなのである。

訳註

（ⅰ）バトラーは精神分析理論に従ってfantasy（意識的願望）とphantasy（他者との関係に関わる無意識的幻想）を区別しており、本書では前者を「幻想」、後者を「《幻想》」と訳し分けている。これらの語の定義については、第一章（四一―四三頁）を参照。

（ⅱ）Franz Fanon, *Peau noir, masques blancs*, Paris: Seuil, 1952, p. 6.［フランツ・ファノン、『黒い皮膚・白い仮面』、海老坂武・加藤晴久訳、みすず書房、一九九八年、三〇頁］

第一章　非暴力、哀悼可能性、個人主義批判

非暴力は暴力そのものの力場の中で倫理的問題になる、という命題から始めよう。非暴力は恐らく、暴力を振るうことが最も正当で明白であると思われる瞬間に、必須ではないにしても可能になる抵抗の実践であると言えるだろう。このように非暴力は、暴力行為あるいは暴力的過程を阻止する実践としてだけでなく、持続的で、時に攻撃的に追求されるある種の行動を必要とする実践として理解することができる。そこで私が提案したいのは、非暴力とは単に暴力の不在、あるいは暴力の行使を自制する行為ではなく、持続的な関与であり、平等や自由という理想を擁護するために攻撃性を転換する方法でさえあると考えることができる、ということだ。第一の提案は、アルベルト・アインシュタインが「戦闘的平和主義」と呼んだものを攻撃的非暴力として再考できるのではないか、という点である(1)。それは、攻撃性と暴力の関係を再考することを含意するだろう。なぜなら、両者は同じものではないからだ。第二の提案は、非暴力は平等への関与がなければ意味をなさない、というものだ。非暴力が平等への関与を必要とする理由は、この世界ではある生が他の生よりも明らかに価値を与えられており、この不平等はある特定の生が他の生より断固として守られることを含意する、という点を考えればよくわかる。私たちが人間の生――あるいは他の生物――へ

の暴力に反対するなら、これが前提とするのは、それらの生が価値あるものと考えられているということだ。暴力に対する私たちの反対は、それらの生を価値あるものとして肯定する。もし暴力の結果としてそれらの命が失われねばならないとして、その命が喪失として登録されるのは、それらの生が生きるに値すると認められるからに他ならないのであり、それはすなわち、私たちがそれらの生を哀悼するに値するものと見なしている、ということだ。

　しかしながら周知のように、この世界では、生は等しく価値を与えられるわけではない。侵害や殺人に反対する彼らの要求は、必ずしも常に登録されるわけではない。その理由の一つは、彼らの生が哀悼に値するもの、哀悼可能なものと見なされないからである。その理由は様々であり、レイシズム、外国人嫌悪《ゼノフォビア》、同性愛嫌悪《ホモフォビア》、トランス嫌悪《フォビア》、女性蔑視《ミソジニー》、そして、貧者や所有せざる者たちに対する制度的無関心を含む。私たちは日々、閉鎖された国境に、地中海に、また貧困や、食糧、保健医療へのアクセスの欠如が大規模化した国々に、死へと遺棄された名もなき人々の群れが存在することを知りつつ生きている。私たちが生きているこの世界でいま非暴力の意味を理解しようとすれば、対抗すべき暴力の諸様態を知らねばならないが、同時にまた、私たちの時代に即した一連の根本的な問いに立ち戻らねばならない。すなわち、何が生を価値あるものにしているのだろうか。生の価値が不平等な理由は何だろうか。そして、非暴力の実践——用心深いと同時に希望に満ちた抵抗の実践——の一部となるような平等主義的想像力を、私たちはどのように練り上げ始めることができるのだろうか。

　本章では、個人主義の問題に目を向けて、平等に関する非個人主義的説明を理解するためには社会的紐帯と相互依存が重要であることを強調したい。そして、この相互依存という概念を非暴力と結び付けたい。次章では、非暴力の反省的実践を展開するために道徳哲学の諸資源について問うことから始め、そして、非暴力に関する道徳的推論には社会的に浸透した幻想が入り込んでいるため、価値があると見なされる生と、相対的あるいは絶対的に価値がないと見なされる生について、私たちは常に人口学的想定を同定できるわけではない、と示唆する。この第二章では、イマヌエル・カントから、ジークムント・フロイトとメラニー・クラインへと移行する。第三章では、非暴力の倫理と政治を、現代のレイシズムや社会政策の諸形式に照らして検討するが、その際に私が示唆したいのは、フランツ・ファノンは、生政治の倫理的次元を特徴付ける人種的《幻想》を理解する方法を私たちに示しており、また、ヴァルター・ベンヤミンによる、開かれた市民的紛争解決［合意］の技術（Technik ziviler Übereinkunft）(i) という考えは、暴力的帰結によることなく紛争関係と共に、またそれを通じて生きていくことに関する思考方法を私たちに与えてくれる、という点だ。これを受けて私は、攻撃性とは相互依存に基づく社会的紐帯の構成要素であるが、攻撃性がどのように練り上げられるかによって、暴力に抵抗し、社会的平等の新たな未来を想像する実践に差異がもたらされる、と示唆しておきたい。想像力——そして想像可能なもの——は、この議論を徹底的に思考するために極めて重要であることがわかる。なぜなら、私たちは現時点において、可能的なものの現実的限界として扱われているものの彼岸を思考することを倫理的に義務付けられ、促されているからだ。

自由主義政治思想史の代表的人物の中には、私たちが自然状態からこの社会的、政治的世界に現れたと信じさせようとする者たちもいる。そして、その自然状態において、私たちは既に何らかの理由で個人であり、互いに対立している。私たちは、どのようにして個人化したのかを理解していない傾向があるし、また、なぜ依存や愛着ではなく対立が私たちの情熱的関係の最初のものであるのかを正確に教えられたこともない。政治契約に関する私たちの理解を形成する上で最も影響力を持ってきたホッブズの見解は、ある個人は他の個人が持っているものを欲する、あるいは、両者は同じ領土に対する所有権を主張する、また、両者は互いに利己的な目的を追求し、財産、自然、社会的支配に対する個人的権利を確立するために、互いに争う、というものだ。もちろん、ジャン＝ジャック・ルソーが公然と認めたように、自然状態とは常に虚構《フィクション》だったが、それは強力な虚構であり、カール・マルクスが「政治経済学」と呼んだものの条件下で可能になるような想像様式だった。それは様々な形で機能する。例えばそれは、私たちの同時代的状況を評価するための反事実的条件を与える。またそれは、サイエンス・フィクションがそうであるように、現在の空間と時間、情熱と利害を政治的に組織する固有性と偶然性を知るための視点を提供する。文芸批評家のジャン・スタロバンスキーはルソーについての著作において、自然状態とは、その場にたった一人の個人しか存在しないような想像上の枠組みである、と述べている。つまりその個人は、自己充足し、誰にも依存せず、自己愛に浸っているが、他者を必要としない(2)。確かに、語るべき他者が存在しなければ、平等の問題は存在しない。しかし、別の生きた人間がその場に登場すると、途端に平等と対立の問題が発生する。なぜそうなるのだろうか。

マルクスは自然状態仮説のうち、個人を第一とする部分を批判した。マルクスは一八四四年の

『経済学・哲学草稿』の中で、人間は当初、ロビンソン・クルーソーのように、ある島に一人でいて、自分自身で生計を立て、他者に依存することなく、労働システムもなく生活し、いかなる政治的、経済的生の共通組織もなく生活していた、という考えを大いなる皮肉を込めて嘲笑している。マルクスは述べている。「経済学者は何かを説明しようとする際にはある架空の原始状態に身を置くが、私たちはそんなことはしない。こうした原始状態は何も説明しない。それは問題を、漠然とした霧のかかった彼方に押しやるだけである。〔……〕私たちは眼の前にある経済学的事実から出発しよう(3)」。マルクスは、虚構《フィクション》を捨てて目の前にある事実を選択することができると考えていたが、だからこそ、そうした虚構そのものを利用して政治経済学の批判を展開することをやめなかったのである。虚構は現実を表象するものではないが、もし私たちが虚構の読み方を知っていれば、それは他の方法では得られない、目の前の現実に関する注解を生み出すことができる。人は構造を見極めるために虚構の中に入り込むが、それは同時に、ここで理解できることとできないことは何か、何をどんな言葉を通じて想像することができるか、と問いかけるためでもある。

例えば、ロビンソン・クルーソーという孤独で自己充足的な人物は、常に成人した男性であり、「自然人」の最初の形象であった——その自己充足は、社会的、経済的生の諸要求によって最終的には中断されるが、それは彼の自然的条件の結果ではない。実際、他者が登場すると対立が始まる——あるいは、そうして物語が進行する。従って、(時間的に考えて)最初に、また(存在論的に考えて)最も根本的に、諸個人は自分の利己的利害を追求し、対立して戦うが、対立は統制された社会の直中でのみ仲裁される。なぜなら各個人は恐らく、社会契約を結ぶ以前は、他者たちへの影響に関係なく、また、いかなる解決も期待することなく、競合あるいは衝突する欲望を解決することもなく、自らが望むものを追求し、充足しようとしていたであろうからだ。それゆえこの虚構《フィクション》によれば、契約は何よりもまず、対立解消の手段として現れる。各個人は、共通して拘束力を持つ諸々の法に従って生活するために、自分の欲望を制限し、自分自身の消費能力、引受能力、行為能力を制限しなければならない。ホッブズにとってこれらの法は、人間の自然本性を抑制する「共通権力《コモン・パワー》」となる。自然状態は必ずしも理想的なものではなかったし、ホッブズは（ルソーが時折そうしたように）自然状態への「回帰」を求めることはなかった。なぜならホッブズは、人間本性の対立的性質を抑制するための共通政府や一連の拘束力を持つ法が存在しなければ、生は切り縮められ、殺人が野放しになるだろうと想像したからだ。自然状態は彼にとっては戦争だったが、それは国家間や既存の権威間の戦争ではなかった。むしろそれは、主権を有する個人が別の個人に対して行う戦争であり、加えて言えば、自らを主権者と見なす諸個人間の戦争でもあった。というのも、その主権は国家とは区別されたものと考えられる個人に属しており、その個人が自分自身の主権を国家へ移したのか、それとも、国家が既にこの想像界の暗黙の地平として機能しているのか、という点は不明確だからだ。主権の政治‐神学的概念は、個人への主権的地位の付与や停止に先行し、それを条件付ける。すなわちそれは、主権を付与することで、主権を有する主体の形象を産出するのである。

明確にしておこう。自然状態はロック、ルソー、ホッブズの間で異なっており、ホッブズの『リヴァイアサン』の中でさえ、少なくとも五つのヴァージョンがあるといってよい(4)。自然状態は、社会以前の時間を仮定することができる。自然状態は、前近代的だとされる外国の諸文明を記述しようとすることができる。自然状態は、内戦を説明する政治心理学を提供することができる。自然状態は、一七世紀ヨーロッパにおける政治権力の力学を記述することができる。私は専門的検討を行っているわけではないが、自然状態がどのようにある種の想像の誘因になるのかをぜひとも考察したい。それは、幻想あるいはルソーの言う「純粋な虚構《フィクション》」ではないとしても、主として暴力的紛争とその解決に関わっている。(5)それゆえ、次のように問うことができる。そうした諸々の虚構あるいは幻想は、いかなる歴史的条件の下で定着するのだろうか。それらは、社会的対立という状況の中で、あるいはその歴史の帰結として可能となり、説得力を持つようになる。それらは恐らく、資本主義的な労働組織化と結び付いた苦悩から逃れる夢を表すか、あるいはその組織化そのものの正当化として機能する。これらの想像は、人民意志を陶冶あるいは抑制するために、国家権力とその暴力的道具を強化するための議論を分節化し、それに注解を加えるのである。これらの想像は、私たちのポピュリズム理解の中に、つまり、人民意志が制約なき形を取ると、あるいは既存の諸構造に叛逆すると想像される状態の中に現れる。またそれらは、諸階級や、宗教的あるいは人種的諸集団を互いに対立させる支配と搾取の形式をコード化し再生産する。あたかも「部族主義」が、国家が抑制力を行使できない場合に――つまり、国家が法的暴力を含む自らの暴力を行使できない場合に――頭をもたげ爆発する、原始状態あるいは自然状態であるかのように。

このテクストを通じて私たちは、個人的または共有的であり得る意識的願望として理解される幻想［fantasy］と、無意識的次元を持ち、しばしば解釈を必要とする統語法《シンタックス》に従って作動する《幻想》[phantasy]とを区別する。白昼夢は、意識と無意識の境界線上を彷徨うことができるが、スーザン・アイザックスが最初に展開し(一九四八年)、メラニー・クラインが練り上げた《幻想》には、諸対象に対する一連の複雑な無意識的関係が包含される傾向がある。無意識的幻想はラカンの想像界概念の一つの基盤となったが、それは、イメージとして形をなし、私たちを引き離し、あるいは異なる方向に向かわせ、それに対して自己愛的防衛が築かれるような無意識的傾向を指している。ラプランシュにおいては幻想の定義はやや異なり、明確に区別される二つの方法で定義されている。それは第一に、「その中に主体が登場し、防衛過程によって多少とも歪曲された形で、願望の、つまるところ無意識的願望の充足を表している、想像上の光景[6]」である。第二に、「幻想[fantasme]」の議論の中でラプランシュが明らかにするのは、私たちが直面しているのは想像と現実の区別ではなく、現実そのものを常に解釈する構造化的な心的様態である、ということだ。こうしてラプランシュは、知覚の様態を構造化し、独自の統語法に従って作動する「原幻想」(フロイトが"Urphantasien"と呼んだもの)という概念によって、精神分析の教義を再定式化することを提案している。それゆえ原幻想は、欲望と攻撃性の媒体《ベクトル》によって配置された複数の行為者《アクター》からなる光景として形作られる。この原幻想概念によって私たちは、「自然状態」において起きていることを、虚構《フィクション》や意識的幻想としてだけでなく、複数の隠蔽された決定要因によって構造化された《幻想》的光景として考えることができる。以下で私は、考察の対象とする暴力と防衛のほとんどの光景について「幻想[fantasy]」という言葉を用いるが、「《幻想》[phantasy]」という言葉が明確に無意識的次元を保持しているクラインとの関連では、後者の語を用いる。私が「《幻想》的[phantasmatic]」

と「《幻像《ファンタスマゴリア》》的［phantasmagoric］」という語を用いるのは、社会的に共有された、あるいはコミュニケーション可能な無意識的、意識的諸幻想の相互作用——それはある光景の形を取るが、そのために集合的無意識を前提とするわけではない——を考察するためである。

もし自然状態を虚構《フィクション》として、あるいはむしろ《幻想》（後述するように、この二つは同じものではない）として理解するなら、そのとき、それはどのような一連の願望あるいは欲望を表象もしくは分節化するのだろうか。これらの願望は、単に個人や自律的な心的生に属するものではなく、これらが注解する社会的、経済的状況に対して批判的関係を維持している、という点を示唆しておきたい。この関係は、反転したイメージとしても、批判的論評としても、正当化としても、あるいはさらに、断固たる批判としても機能し得る。起源や原初的状態として措定されるものは遡及的に想像され、それゆえ、既に構成された社会的世界で始まる一連《シークエンス》の場面の結果として措定される。しかしながら、この世界を説明する方法として、あるいはその痛みや疎外から逃れる方法として、基盤や想像上の起源を措定しようとする切望が存在する。《幻想》の無意識的形式が、社会的世界との関係における人間の心的な生の基盤として機能している、という考えを私たちが真剣に受け止めるべきなら、この一連の思考は、私たちを容易に精神分析の道へと導くだろう。なるほど、確かにそうなのかもしれない。しかしながら私の望みは、幻想を現実に置き換えることではなく、そうした幻想を読解することで、歴史的に構成された権力と暴力の組織化が生と死に関係する際の構造と力学について、重要な洞察を得る方法を学ぶことである。実際、私自身、社会生活の原点である「欲求なき人間」という概念に対して、自分の推測を交えずに批判的反論を提示することはできないだろう。その反論とは、私から始まるものではなく、私をその諸条件の中に取り込み、言わば、異なる想像力を通じて社会的なものの統語法を分節化するものである。

「基盤」として定期的に呼び起こされるこの自然状態という幻想のやや顕著な特徴の一つは、最初に明らかに男性が存在し、彼は大人で、自活し、自己充足的だということである。そのとき、この物語が起源ではなく、決して語られることのない歴史の途中から始まっている、という点に注目しよう。物語の冒頭、つまり始まりを告げる瞬間に、例えばジェンダーは既に決定されている。自立と依存は分離され、男性性と女性性はこの依存の配分に関連して部分的に決定されている。人間の最初の創始的形象は男性である。それは驚くには当たらない。男性性は依存の欠如によって定義されるからだ（これは必ずしも新しい発見ではないが、極めて驚くべき形で続いている）。しかし、興味深く感じられるのは、ホッブスにとってもマルクスにとってもそうであるように、人間が最初から成人であるということだ。

　換言すれば、人間の最初の瞬間、つまり人間が世界に現れた瞬間として私たちに紹介される個人は、あたかも彼が決して子供であったことがないかのように仮定されている。つまり彼は、生存し、成長し、（恐らくは）学習するために、扶養されることも、両親、親族関係、あるいは社会的制度に依存することもなかったかのように仮定されているのだ。その個人はあるジェンダーとして既に配役されているが、社会的割り当てによってではない。むしろ、彼が個人であるゆえに——そして、その個人の社会的形式がこの場面では男性であるゆえに——彼は男性なのである。従って私たちは、この幻想を理解したければ、それがどのようなヴァージョンの人間、どのようなヴァージョンのジェンダーを表象しているのか、そしてその表象が機能するためにはどのような隠蔽が必要なのかを問わなければならない。依存は言わば、起源の人間＝男性《マン》のイメージからは排除されている。彼はどういうわけか、最初から、常に既に直立していて、能力があり、他者たちに支えられたこともなく、自分自身を安定させるために他人の身体にしがみついたこともなく、自分自身で食べられないときに食べさせてもらったこともなく、他の誰かに毛布で包まれて暖をとったこともないのである。(7) 彼は、幸運な男性として、関係性を欠いた、しかし怒りと欲望を備えた完全な大人として、時には、他の人々が予め存在しない自然界に依拠した幸福や自己充足を行うことができるものとして、自由主義理論家たちの想像から生まれた。そのとき私たちは、語り継がれる光景に先立って絶滅が生じたこと、絶滅がその光景を創始していることを――つまり、他のすべての人々が最初から排除され、否定されていることを――認めるだろうか。これは恐らく、創始の暴力なのだろうか。それは、タブラ・ラサではなく、綺麗に消されたスレートである。それは、いわゆる自然状態の前史も同様である。自然状態は、その最も影響力のあるヴァリエーションの一つとして、社会的、経済的生の前史だと考えられているため、他性の絶滅はこの前史の前史を構成している。それが示唆するのは、私たちが幻想を練り上げているだけでなく、その幻想そのものの歴史――間違いなく、痕跡を残さない殺人――を示している、ということだ。

多くのフェミニズム理論家が論じているように、社会契約とは既に性契約である。(8) しかし、女性がその光景に参入する以前でさえ、そこにはこの個人たる男性しか存在しない。この光景にはどこかに女性がいるが、彼女は形象としては現れない。女性は表象不可能なので、私たちはこの光景における女性の表象を非難することもできないのだ。ある種の追放が行われ、その空いた場所に成人の男性が屹立している。彼は物事の流れの中で女性を欲すると想定されているが、この想定された異性愛でさえ依存を免れており、その形成に関する陶冶された記憶喪失の上に成り立っている。彼は、まず対立する仕方で他者たちに出会うと理解されているのだ。

政治理論において影響力のあるこの《幻想》的光景を、なぜわざわざ取り上げるのだろうか。結局のところ、私の主題は非暴力の倫理と政治である。実際のところ私は、対立的関係の原初的性格に反論するつもりはない。それどころか私は、対立はあらゆる社会的紐帯の潜在的部分であり、ホッブズが完全に間違っているわけではない、と強調したい。実際フロイトは、「汝の隣人を敬い、その妻を欲するなかれ」という聖書の戒律に異議を唱える際に、ホッブズ的テーゼを念頭に置いている。というのもフロイトは、なぜ敵意や敵対心が愛より根源的であると想定すべきではないのか、と問いかけているからだ(ii)。まもなく論じることになるが、私のテーゼは、非暴力が倫理的、政治的立場として意味を持ち得るとすれば、それは単に攻撃性を抑制したり、その現実を取り除いたりすることではあり得ない、というものだ。むしろ、破壊の可能性が最も高く、あるいは最も確実だと思われるときにこそ、非暴力は意味のある概念として現れる。破壊が欲望の熱烈な目的となり、それにもかかわらず抑止されるとき、何がその抑止、つまり限界と転位を課すことを説明するのだろうか。それはどこから来て、何がそれを定着させ、維持させるのだろうか。ある人々は次のように言うだろう。抑止は常に自己抑止の一形式である——つまり「超自我」は、攻撃性を心的なものの構造《アーキテクチャー》に同化する過程の名であると共に、超自我こそが攻撃性の外在化を抑止するのだ、と。超自我の構成原理とは、道徳主義《エコノミー》――この自己否定の再帰的構造を担う心的な生に重くのしかかる、激化するダブル・バインドの中で、攻撃性を自分自身に対して解放するような道徳主義――なのである。それは暴力を糾弾するが、その糾弾は、物事の流れの中で新たな形の暴力になっていく。また、こうした暴力の抑止は、法や政府、さらには警察によって外部から適用するしかない、と述べる人々もいるだろう。これは、より固有にホッブズ的な見解である。この見解において、国家の強制力は、その手に負えない対象の潜在的に殺人的な怒りを封じ込めるために必要である。また、魂には平穏あるいは平和な領域があり、宗教的もしくは倫理的な実践あるいは儀式を通して、攻撃性や破壊性を抑制し、常にそこに留まる能力を陶冶しければならない、と主張する人々もいる。しかし先述したように、アインシュタインは「戦闘的平和主義」を支持すると主張しており、恐らく私たちは今日、非暴力の攻撃的形式について語ることができるだろう。これについて理解するために、第一に私は、手に負えない、あるいは対立や攻撃の原因となる依存や相互依存の諸形式を前提とする、非暴力の倫理について考えることを提起したい。第二に私は、私たちの平等の理解が非暴力の倫理と政治にどのように関わるのかを考察することを提案したい。この関わりが意味をなすためには、私たちは政治的平等という概念に、生の平等な哀悼可能性を組み込まなければならない。というのも、推定上の個人主義から脱却することによってのみ、私たちは攻撃的非暴力の可能性を理解できるからだ。それは、対立の直中に現れるものであり、暴力そのものの力場に根を下ろす非暴力である。つまり、そうした平等は、単に諸個人相互の平等ではなく、個人主義が批判される際に初めて思考可能になる概念なのである。

依存と義務

次に、別の話をしてみよう。始まりはこうだ。あらゆる個人は個人化の過程を通じて現れる。どんな人も生まれながらにして個人ではない。もし人が時間をかけて個人になるとすれば、その人はその過程の中で、依存の根本的諸条件から逃れることはない。その条件を、時間によって逃れることはできない。現在の政治的見地に関係なく、私たちは皆、根本的な依存状態の中に生まれてきた。成人してからその状況を振り返ると、私たちは恐らく少しばかり侮辱や警戒心を抱くかもしれず、あるいは恐らくその考えを退けるかもしれない。恐らく、個人的自己充足の意識が強い人にとっては、自力で食事ができず、自立できない時期があったという事実は、確かに不快なことかもしれない。しかしながら、私が言いたいのは、実際には誰も自立していないし、厳密に言えば、誰も自力で食事をしているわけではない、ということだ。障害学研究が示したところによれば、道路に沿って移動するには、移動を可能にする舗道が必要であり、特に車椅子や支援器具《サポート》を使って移動する場合には不可欠である(9)。とはいえ、舗道もまた信号機や縁石と同様に支援の道具である。動くため、食べるため、さらには呼吸するために支援が必要なのは、障害者だけではない。こうした基本的な人間の能力はすべて、何らかの形で支援《サポート》されている。移動のために作られた環境を提供し、食物が私たちの口に届くよう準備して分配し、私たちが呼吸できる品質の空気を可能にする環境を維持するような世界によって支援されなければ、人は移動することも、呼吸することも、食物を見つけることもできないのである。

依存とは、社会的、物質的構造や環境への依存として部分的に定義することができる。というのも、環境もまた生を可能にするものであるからだ。しかし、精神分析との論争にもかかわらず――そして、精神分析とはそれについて人々が論争する理論と実践であるにもかかわらず――、私たちは大人になっても幼児期の依存を克服できていない、と言えるかもしれない。それは、大人が幼児とまったく同じ仕方で依存しているということではなく、私たちが常に自己充足を想像し、そうしたイメージが人生の中で何度も損なわれるような生き物になったということだ。もちろん、これはラカンの立場であり、「鏡像段階」によって最もよく知られる仕方で分節化されている。男の子が鏡を見て、自力で立っていると思って歓喜している。しかしながら、彼を見ると、母親、あるいは何らかの目立たない対象支持体《サポート》（赤ちゃん歩行器［trotte-bébé］）が鏡の前で彼を支え、彼が根本的な自己充足感に歓喜していることがわかる[10]。恐らく、自由主義的個人主義を基礎付ける慢心は、一種の鏡像段階であり、この種の想像力の中で生まれると言えるかもしれない。自己充足の幻想を定着させ、時間を超越した成人の男性性から物語を始めるためには、どのような支援、どのような依存を否認しなければならないのだろうか。

この光景が含意するのはもちろん、男性性は《幻想》的な自己充足と同一視され、女性性は彼女が提供する支援と同一視されるが、この支援は常に否認されると思われる、ということだ。このイメージと物語は私たちを、ほとんど役に立たないジェンダー的諸関係の構成原理《エコノミー》の中に閉じ込める。

異性愛は推定上の枠組みとなり、母と子の理論から導き出されるが、それは子供を支援する諸関係を想像する一つの方法にすぎない。もちろん、母のケア労働が不可視にされ、父が完全に不在であることも含めて、ジェンダー化された家族構造は当然視されている。そして、このすべてを単なる特殊な想像ではなく、物事の象徴的構造として受け容れるなら、私たちは、非常に長い時間をかけて漸進的にしか変えられない法則の働きを受け容れることになる。この幻想、この非対称性、このジェンダー的分業を説明する理論は、別の出口を示さない限り、この光景に先立つ光景、あるいはこの光景の外部——言わば、始まり以前の瞬間＝契機《モメント》——を問わない限り、その諸条件を再生産し、認可することになり得るのだ。

ここで依存から相互依存へと移行し、それが可傷性《ヴァルネラビリティ》、対立、成人期、社会性、暴力、政治についての理解をどのように変えるかを考えてみよう。私がこのように問うのは、政治的、経済的次元において、グローバルな相互依存の事実が否定されているからであり、あるいは、それが搾取されているからだ。もちろん、企業広告はグローバル化した世界を謳歌しているが、そうした企業拡大という考えは、グローバル化の一つの意味しか捉えていない。国家主権は衰退しているかもしれないが、新しいナショナリズムはそうした枠組みを力説している。(11) こうして、地球温暖化が居住可能な世界の未来に対する真の脅威であることを合州国政府のような諸政府に説得するのが非常に困難な理由の一つは、生産や市場を拡大し、自然を開発＝搾取《エクスプロイット》し、利益を得るという政府の権利が、依然として国家の富と権力の拡大を中心に据えているからだ。恐らくそれら諸政府は、自分たちの行動が世界のあらゆる地域に影響を与えるという可能性、また、世界のあらゆる地域で起こることが、私たち皆が依存する居住可能な環境の持続可能性そのものに影響を与えるという可能性を考えていないのだろう。あるいは、恐らくそれら諸政府は、自分たちがグローバルな破壊活動の直中にいることを知っており、それもまた、何事、何者によっても損なわれるべきでない権利、権力、特権だと考えているのだろう。

人間、動物を問わず、世界のあらゆる住人に奉仕するグローバルな義務という考えは、個人主義の新自由主義的神聖化からは程遠いものだが、とはいえ、この考えは常にナイーブだと切り捨てられている。それゆえ私は、自分のナイーブさ、幻想――言わば対抗幻想――を曝け出そうと勇気を振り絞っているわけだ。ある人々は、多かれ少なかれ訝しげな口調で、私にこう尋ねてくる。「グローバルな義務なんて、どうしたら信じることができるのか。あまりにもナイーブではないか」と。しかし、グローバルな義務に誰も賛成しない世界に暮らしたいか、と私が尋ねると、彼らはたいてい否と言うのだ。私の主張は、この相互依存を明言することで初めて、グローバルな義務を策定することが可能になる、というものである。その義務とは、移民、ロマ、不安定《プレカリアス》な状況に置かれた人々、あるいはさらに、占領下や戦争下にある人々、制度的、組織的レイシズムの対象になっている人々、殺人や失踪が完全には公式記録に現れない先住民、家庭内暴力や公共の場での暴力や職場でのハラスメントの対象となっている女性、投獄や死を含む身体的危害に曝されているジェンダー非適合者に対する義務を含んでいる。私はまた、新しい平等概念は、相互依存をより完全に想像すること、実践や制度、新しい形の市民生活や政治生活の中で展開される想像からしか生まれない、と示唆したい。とても奇妙なことに、このように想像された平等は、諸個人の間の平等とは何を意味するのかを私たちに再考させる。もちろん、ある人が別の人と同等に扱われるのは良いことである。（誤解のないように述べておくと、私は差別禁止法には賛成である。）しかしこの定式化は、それがいかに重要なものであれ、社会的、政治的平等がどのような一連の関係によって思考可能になるのかを教えてはくれない。それは、個人を分析の単位と理解し、比較を行う。平等が（平等な待遇を受ける権利としての）個人の権利と理解されるとき、それは、私たちがお互いに対して負う社会的義務から切り離される。私たちの恒久的な社会的存在を定義する諸関係、つまり、私たちを社会的生物として定義する諸関係に基づいて平等を定式化することは、社会的主張を行うことであり、社会に関する集団的な主張を行うこと、さもなければ、平等、自由、正義についての私たちの想像を形成し、意味化する枠組みとして社会的なものを主張することである。そのとき平等の主張がどのように定式化されるのであれ、それは人々の間の関係から、その関係と紐帯の名において現れるのであって、個々の主体の特徴として現れるのではない[12]。従って、平等とは社会的諸関係の特徴であり、その分節化はますます明確に認められる相互依存——自分の境界を関係的、社会的範疇として理解するために、「単位」としての身体を手放すこと——に依拠している。その関係的、社会的範疇には、喜びの源泉、暴力に対する感受性、暑さや寒さに対する感度、食物や社会性やセクシュアリティへの触手的切望が含まれる。

私は別の場所で、「可傷性《ヴァルネラビリティ》」を主観的状態と考えるのではなく、私たちが共有している、あるいは相互に依存している生の特徴と考えるべきだ、と主張した[13]。私たちは、決して単純に可傷的《ヴァルネラブル》なのではなく、常に状況、人、社会構造、すなわち、自らが依存する何か、自らが曝される何らかの対象に対して可傷的なのである。恐らく私たちは、自らの生を可能にしている環境や社会構造に対して可傷的なのであり、その構造が弱体化すると、私たちも弱体化する。依存することは、可傷性を意味する。つまり人は、自らが依存する社会構造に対して可傷的であり、その構造が破綻すると、不安定《プレカリアス》な状態に曝されるのだ。もしそうだとすれば、それは私やあなたの可傷性のことではなく、私たちを相互に結び付け、大きな構造や制度――私たちが生の維持のために依存する――に結び付けている関係の特徴である。可傷性は、依存とまったく同じものではない。私は生きるために誰かに、何かに、あるいは何らかの条件に依存している。しかし、その人が姿を消したり、その対象が撤収されたり、社会制度が崩壊したりすると、私は、生存不可能な形で剝奪され、遺棄され、あるいは曝されやすくなる。可傷性を関係として理解することでわかるのは、私たちは生を可能またはは不可能にする条件から完全に切り離すことのできない存在である、ということだ。換言すれば、私たちはそうした条件から解放されて存在することができないがゆえに、完全に個人化されることはないのである。

この見解が意味するのは、私たちを相互に結び付ける義務は、私たちの生を可能にする相互依存という条件から得られるが、それはまた、搾取や暴力の一つの条件にもなり得る、ということだ。生そのものを政治的に組織化するためには、政策、制度、市民社会、政府を通じて、相互依存――そしてそれが含意する平等――が認められることが必要である。もし、グローバルな義務――世界的に共有され、拘束力があると考えられるべき義務――が存在する、あるいは存在すべきだという提案を私たちが受け容れるなら、その義務は、諸々の国民国家が相互に負う義務に還元することはできない。それは、国境を越えてその諸関係を操作するポストナショナルな性格を持たねばならないだろう。というのも、国境にいる人口や、国境を越える人口（無国籍者、難民）は、グローバルな義務が含意するより大きな相互関係のネットワークに含まれるからだ。

私の考える課題は、自己充足を達成するために依存を克服することではなく、相互依存を平等の条件として受け容れることである、とここまで論じてきた。その定式化は、差し迫った重要な課題に逢着している。結局のところ、被植民者のいわゆる「依存」を確立しようとする植民地権力の諸形式が存在するのであり、この種の議論は依存を、植民地化された諸人口《ポピュレーションズ》＝住民の本質的で病理学的な特徴にしようとする。[14]こうした依存の展開は、レイシズムと植民地主義の両方を裏付けている。それは、ある集団が従属する原因を、その集団そのものの心的‐社会的特徴として同定する。従って、フランス／チュニジアの作家、エッセイストであるアルベール・メンミが主張したように、植民者はその光景において自分自身を、大人として、つまり、植民地化された人口を「子供のような」依存状態から啓蒙された大人へと導くことができる者として理解しているのだ。[15]監督を必要とする子供というこの被植民者の形象は、カントの著名な試論「啓蒙とは何か」に見られる。しかし実際には、植民者は被植民者に依存している。というのも、被植民者が従属的であり続けることを拒否すれば、植民者は植民地権力を失う恐れがあるからだ。一方で、もし私たちが植民地構造に依存させられ、あるいは不正な国家や搾取的結婚に依存させられているなら、依存を克服するのは良いことのように見える。こうした服従化の諸形式を断ち切ることは、解放の過程、平等と自由の両方を主張する過程の一部である。しかし、そのとき私たちは、どのヴァージョンの平等を、そしてどのヴァージョンの自由を受け容れるのだろうか。服従化と搾取を乗り越える努力において依存の絆を断ち切るとすれば、それは独立を重んじることを意味するのだろうか。なるほど、その通りだ。しかし、もしその独立が支配をモデルとしており、私たちが重んじている相互依存の諸形式との絆を断ち切る方法になるとしたら、そこから何が帰結するのだろうか。もし独立が私たちを個人あるいは国家の主権に連れ戻し、共生のポスト主権的理解が不可能になるとすれば、そのとき私たちは、終わりなき紛争を含意する自己充足の一ヴァージョンに立ち戻ったことになる。結局のところ、諸地域や南北半球間の相互依存という概念を刷新し再評価することによってのみ、私たちは環境への脅威、グローバル・スラムの問題、制度的レイシズム、無国籍の人々の状況――彼らの移住は私たちが共有するグローバルな責任である――、さらには、植民地的な権力諸様態のより徹底的な克服について考え始めることができるのであり、また、社会的連帯と非暴力について別の見解を練り上げ始めることができるのだ。

本書を通じて私は、相互依存についての精神分析的理解と社会的理解の間を往還し、新たな平等主義的想像力の中で非暴力の実践の土台を築いていく。これらの分析的視点は、精神分析的枠組みをあらゆる社会的諸関係のモデルとして想定することなく、集約されねばならない。しかしながら、自我心理学の批判は確かに精神分析に、扶養と存続の条件をめぐるより広範な考察――生政治的なもののあらゆる概念の中心となる問い――に結び付いた社会的意味を与えている。自然状態仮説に対する私の反論は、いかなる身体もそれだけで自らを維持することはできない、というものだ。身体は、自己存続する存在ではないし、決してそうではなかった。このことは、実体の形而上学――

それは身体を、個別の境界線を持つ延長存在として考える――が、身体とは何かを理解する上で特に優れた枠組みではなかった一つの理由である。身体は、存続するために他者に委ねられる。そして身体は、自らの身体そのものを活用できるようになる前に、一連の他者の手に委ねられるのである。形而上学は、生にまつわるこのパラドックスを概念化する方法を持っているのだろうか。この関係は、個人間の関係のように聞こえるかもしれないが、より広い意味で社会的に組織されており、生の社会的組織化を指し示している。私たちは皆、委ねられることから始まる――その状況は、受動的であると共に生に満ちたものでもある。その状況が生じるのは、子供が誕生するときだ。つまり、誰かが他の誰かに子供を委ねるのである。私たちはそもそも最初から自分の意志に反して扱われるのだが、それは一部には、意志が形成される過程にあるからだ。幼いオイディプスでさえ、羊飼いに引き渡され、丘の上で野垂れ死にさせられることになっていた。それは、ほぼ致死的な行為だった。なぜなら、オイディプスの母は、彼を死なせる手筈を任された人に彼を引き渡したからだ。自分の意志に反して引き渡されることは、必ずしも美しい光景ではない。幼児はある者から別の者へと引き渡される。養育者《ケアギバー》は通常、養育《ケア》という役割を担う人と理解されているが、意図的な意志あるいは選択の行為としては経験できないような仕方でその役割を担う。養育は必ずしも合意の上で行われるわけではなく、また常に契約の形を取るわけでもない。それは、泣き叫ぶ空腹の子供の要求によって幾度となく疲弊させられる過程でもあり得る。しかしここには、母性あるいは養育の社会的組織化に関するいかなる特定の説明にも依拠しない、より大きな主張が存在している。生そのものを支える社会的、経済的諸形式への私たちの恒常的依存は、「成長によって」私たちがそこから脱するようなものではない――つまりそれは、時間経過の中で自立へと転化する依存ではない。依存するものが何もなく、社会構造が破綻したり、撤収されたりすると、生そのものが行き詰まる、あるいは失敗する。つまり、生は不安定《プレカリアス》になるのである。子供や高齢者、あるいは身体障害者のケアでは、そうした恒常的条件がより切実なものになるかもしれないが、私たち誰もがこの条件に服しているのである。

「委ねられる」とは何を意味するのだろうか。それは、私たちもまた、誰かを委ねられる存在であることを含意しているのだろうか。私たちは、誰かに委ねられた存在であると同時に、他者たちを委ねられた存在でもあるのだろうか――つまり、社会的関係として見たときに、両者には一種の非対称性があるが、にもかかわらずそれは相互性である、ということだろうか。世界が私たちを見捨てるとき、私たち自身が社会的な意味で世界を喪失するとき、身体は苦痛を感じ、その不安定性《プレカリティ》を示す。不安定性《プレカリティ》を示すその様態は、それ自体、政治的要求であり、怒りの表現でさえあり、あるいはそれらを含む。差異的＝差別的に危害あるいは死に曝される身体であることは、まさにある形の不安定性《プレカリティ》を示すと同時に、不当な形の不平等を被ることでもある。従って、ますます生存不可能な不安定性《プレカリティ》に曝されている多くの諸人口の状況は、私たちにグローバルな義務の問いを提起している。なぜ私たち誰もが遠く離れた場所で苦しんでいる人々のことをケアすべきなのか、と問う場合、その答えは、父権的正当化にではなく、私たちが相互依存関係の中で共に世界に住まっているという事実にある。私たちの運命は、言わば、互いに委ねられているのである。

こうして私たちは、最初のロビンソン・クルーソーの形象から遠く離れることになった。というのもむしろ、身体化された主体は、その自己充足の欠如によって定義されるからだ。そしてこのことはまた、とりわけ、曝されに堪えられなくなった、あるいは依存が手に負えなくなった状況下において、熱望、欲望、怒り、不安がどのようにこの光景の中に現れてくるかをある仕方で指し示している。そうした条件下で苦しんでいれば、当然のごとく怒りがこみ上げてくるかもしれない。どのような条件下で、相互依存は攻撃、対立、暴力の光景になるのだろうか。この社会的紐帯の破壊的潜勢力を、私たちはどのように理解すればよいのだろうか。

暴力と非暴力

道徳哲学者や神学者は、殺人は悪であり、殺人を禁止することは正当化されると主張する根拠は何か、と問うてきた。この問いについて論じるための通常の方法は、そうした禁止、命令、あるいは禁令は絶対的であるか、それは神学的または他の慣習的地位を持っているか、それは法の問題なのか道徳の問題なのか、と問うことである。これらの問いはまた、そうした禁止には真の例外が存在するのか、侵害あるいは殺人はいつ正当化されるのか、という更なる問いを常に伴うことになる。そして、そのとき議論は、例外があるとすればどのような例外があるのか、またその例外は、禁止が絶対的なものではないことについて何を示すのか、と続く傾向にある。多くの場合、この時点で自己防衛が議論に参入する。

規則の例外は重要であり、恐らく規則そのものより重要である。例えば、もし殺人の禁止に例外が存在し、そうした例外が常に存在するとすれば、これは、殺人の禁止が絶対的なものでないことを示唆している。それは、時として自己主張できなかったり、自分自身を制止したり、あるいは自分自身の抑制力を停止するような禁止である。

あらゆる攻撃を自己防衛として正当化する外交政策の軍国主義的様態や、先制的殺人に備える現代の米国法に見られるように、「自己防衛」は非常に曖昧な言葉である。それは、愛する人、子供や動物、あるいは自分に近いと見なされる人——より広い意味での自己の一部である諸関係——の防衛にまで及ぶ可能性があり、実際そうなっている。それゆえ、何がそれら諸関係を定義し制限するのか、何がこのような仕方で他者たちの集団を包含する自己の概念を練り上げるのか、そして、なぜそうした集団は通常、生物学的な親族や夫婦の絆で結ばれたものと理解されるのか、と問うことは理に適っている。自分自身の身近にいる人たちは、その人を守るために暴力を振るってもよいし、殺人を犯してもよいが、自分自身から距離のある人たちは、その人のために、その人を守るために殺人を犯してはならない、というかなり恣意的で怪しげな区別が現れてくる。それでは何が、そして誰があなたという自己の一部であり、どのような関係が守られるべき「自己」の規定の下に含まれるのだろうか。私たちは、地理的、経済的、あるいは文化的な意味で遠いとされる人々の命を守るよりも、身近な人々の命を守ることを倫理的に義務付けられているのだろうか。

私が自分自身と自分の一部と見なされる人々（あるいは、私が彼らを知り、愛するほど十分に近接している人々）を守る場合、私というこの自己は確かに関係的である。しかし、そうした関係は、自己の領域に属するものと見なされ、近接し、類似した人々に限られている。人が自己の領域あるいは体制《レジーム》に属する人々を守るために暴力を行使することは、正当化される。そのとき、何らかの集団は、私の拡張された自己防衛の主張の対象となり、彼らは暴力から暴力的に保護するに値すると理解される。それはつまり、自分自身が暴力を振るわれないよう、他者たちに暴力を振るうということだ。暴力の禁止が、再び例外の中に現れる。今や、暴力的行為に関与するなという禁止は、他の集団に対して――つまり、私の自己の領域に含まれない集団に対して――課せられる。そして、その操作的禁止がなければ、私あるいは私たちは明らかに殺人を正当化されるのだ。

　さらに、自分あるいは自分の属する集団が「自己」であると見なすものを暴力的な仕方で暴力から守ろうとする段階になると、暴力の禁止にかなり重要で重大な例外が設けられるだけでなく、禁止の力と禁止された暴力の間の区別が崩れ始める。禁止に対する例外は戦争状況に通じている。戦争状況においては、自己防衛の名において自分自身あるいは自分のものを暴力的に守ることは常に正しいことだが、自分の自己に属さない多数の他者たちを守ることは正しいことではない。そして、これが意味するのは、私がその命を守らない人々が常に存在し、また私自身の生と、あるいは私の自己の拡張領域の一部と複雑に結びついている人々――それは、私に対して拘束力のある倫理的要求を持つ、と私が認識している他者たちを含む――に対して暴力を振るおうとする人々が常に存在する、ということである。そのとき、暴力の禁止は絶対的なものではないことが再び証明される。そして、禁止の例外は潜在的な戦争状態となるし、あるいは少なくとも、そうした状態はこの論理と外延を共にする。もし人が身近な関係にあるこの人やあの人のために殺人を犯すとすれば、最終的に何が近親者と非近親者を区別するのだろうか。また、どのような条件下で、そうした区別は倫理的に正当化可能だと考えられるのだろうか。

もちろん、合州国の「リベラル・タカ派」と呼ばれる人々を含む国際的な人権介入主義者たちは、特に第一世界の人間はあらゆる人々のために常に戦争に行く準備をしておくべきだ、と主張するだろう。しかし、私が言いたいのは、それとはまったく異なることだ。非暴力の規範にとっての例外は、実際には、ある種の戦争の論理に帰結する集団の同一化、さらにはナショナリズムの諸形式を練り上げ始める。それは次のように進展する――私は、自分に似た人々、あるいは私自身の一般化された体制《レジーム》の一部と理解できる人々を守ることは厭わないが、自分とは異なる人々を守ることはない、と。この主張は、次のような主張にむしろ容易に転化する――私は自分と同じような人々、あるいは自分にとって認識可能な人々だけを守り、自分にとって認識不可能で、帰属の絆が存在しないように見える人々から自分を守る、と。これらの事例によって私が提起しようとしている一つの問いは、命を救う価値のある集団に属する人々と、その集団に属さず、その命を救う価値も守る価値もない人々とを区別するために発動されるような規範は存在するのか、ということである。というのも、暴力禁止の例外が機能する仕方の中に暗黙に前提とされているのは、帰属していて暴力から保護されるに値すると理解される人々が存在する一方で、帰属していない人々については、人は非暴力の原則を行使して、彼らのために介入することを断ることができる、ということだからだ。

皮肉に聞こえるかも知れないが、この指摘は、私たちの道徳原理の一部が既に政治的利害や枠組みに左右されている可能性がある、という事実を前景化するためのものにすぎない。暴力的に守るに値する諸人口とそうでない諸人口を区別することは、ある生は他の生よりも単に価値があると考えられている、ということを含意する。従って、私が示唆したかったのは、非暴力の例外を特定するための原則は、同時に諸人口を区別するための尺度でもあると考えるべきだ、ということだ。つまり、私たちが進んでは哀悼しない人々、あるいは哀悼可能だと見なされない人々と、私たちが進んで哀悼する人々、その死があらゆる場合において未然に防がれるべき人々との区別が存在するのである。

従って、非暴力の原則に例外を設けることは、私たちが戦い、危害を加え、場合によっては殺人を行う覚悟ができているということであり、またそのための道徳的な理由が準備できているということである。この論理によれば、人は自己防衛のため、あるいはより広い自己の体制《レジーム》に属する人々――同一化の対象となり得る人々、あるいは、自分自身の自己が属する、自己のより広い社会的、政治的領域を構成していると認められる人々――を守るために、こうした行動を取るのである。そして、もしこの最後の命題が真実であるとすれば（つまり、私が社会的アイデンティティを共有している人々の名において、あるいは、何らかの形で私の存在に不可欠な愛する人々の名において、私が傷つけたり殺したりすることを厭わないような人々が存在するとすれば）、そのとき暴力は、まさしく人口学的基礎に基づいて、道徳的に正当化されるのだ。

暴力禁止の例外をめぐる道徳上の議論の直中で、人口学は何をしているのだろうか。私の指摘は単に、非暴力を理解するための道徳的枠組みとして始まったことが、別種の問題、すなわち政治的問題に変化していく、ということだ。第一に、私たちが守ろうとしている生と、実質的に不必要な生とを区別するために私たちが引き合いに出す規範は、哀悼可能な生と哀悼不可能な生を不当に区別する、生権力のより大きな作用の一部である。

しかし、もしあらゆる生は等しく哀悼可能であるという考え方を受け容れ、それゆえ、この原則が経済的、制度的な生によって肯定されるような仕方で政治的世界が正しく組織されるべきだと考えるなら、そのとき、私たちは異なる結論に到達し、恐らく非暴力の問題に取り組む別の方法に到達するだろう。結局のところ、ある生が最初から哀悼可能なものと見なされるなら、その生を危害や破壊から保護し、防護するためにあらゆる予防措置が講じられるだろう。換言すれば、私たちが「哀悼可能なものの根本的《ラディカル》平等」と呼ぶものは、例外を作らない非暴力の倫理の人口学的前提条件として理解できるだろう。私は、誰も自分自身の身を守るべきではない、あるいは介入が必要な事例などない、と言っているのではない。なぜなら、非暴力は絶対的な原則ではなく、暴力とそれに対抗する諸力との終わりなき闘争だからだ。

私が示唆したいのは、生の保護に対する徹底した平等主義的アプローチが、非暴力をどのように実践するのが最善かという倫理的考慮にラディカル・デモクラシーの視点を取り入れる、ということである。そうした想像力と、こうした仕方で世界を見つめるそうした実験の中では、守るに値する生と潜在的に哀悼可能な生との間には何の差異もないだろう。哀悼可能性は生物を管理する方法を統御しているのであり、そしてそれは、生政治と、生物間の平等をめぐる思考法とに不可欠な次元であることがわかる。私がさらに主張したいのは、平等を支持するこの議論が、非暴力の倫理と政治に直接関係している、ということだ。非暴力の実践は、殺人の禁止を含むかもしれないが、殺人の禁止に還元されるものではない。例えば、「中絶反対《プロ・ライフ》」の立場に対する一つの応答は、まず生の平等な価値に賛成することであり、また、「中絶反対《プロ・ライフ》」の立場が実際には、胎児の命に生存権を与えながら、女性が自由と平等の名において行う正当な主張を粉砕することでジェンダー不平等に関与している、と示すことだ。そうした「中絶反対《プロ・ライフ》」の立場は、社会的平等とは相容れず、哀悼可能なものと哀悼不可能なものの差異を強化している。またしても女性は哀悼不可能な存在になってしまうのだ。

もし私たちの倫理的、政治的実践が、個人の生の様態や意志決定に、あるいは、個人として私たちが何者であるかを反映した徳の倫理に限定されたままだとすれば、私たちは社会的、経済的相互依存——それこそが平等の具現化《エンボディ》=身体化されたヴァージョンを確立する——を見失ってしまう恐れがある。さらにこの条件は、私たちを遺棄や破壊の可能性に曝すことになるが、同時に、そうした帰結を阻止するための倫理的義務を描き出してもいる。

そうした枠組みは、私たちの思考にとっていかなる差異を含意するのだろうか。ほとんどの暴力の形式は、その関与が明確に主題化されているかどうかにかかわらず、不平等に関与している。そして、暴力を行使するかどうかを決断する枠組みは、いかなる場合であれ、暴力を行使すべき相手かどうかについて数多くの前提を立てている。例えば、殺してはいけない生物を名指す、あるいは知ることができなければ、暴力の禁止を遵守することはできない。もしある人、ある集団、ある人口がもはや生きている、生存していると見なされないなら、殺すなという命令はどのように理解すべきだろうか。生きていると考えられる人々だけが、暴力の禁止によって効果的に名指され、保護され得る、と考えるのが妥当なのだ。しかし、第二の論点も必要不可欠である。もし殺人の禁止が、あらゆる生には価値がある——つまり、生として、生物としての地位において価値がある——という前提に基づくとすれば、そのとき、その主張の普遍性は、価値があらゆる生物に等しく及ぶという条件においてのみ成立する。これが意味するのは、私たちは人間だけでなく動物についても考えねばならないし、生物だけでなく生の過程、生のシステムや形式についても考えねばならない、ということだ。

　第三の論点は次のようになる。暴力や破壊の禁止が、暴力から保護されるべき生物の中にその生を含めるためには、生は哀悼可能なものでなければならない——すなわち、その喪失は喪失として概念化できるものでなければならない。ある生が他の生よりも哀悼可能であるという状況は、平等の条件が満たされていないことを意味する。その結果、例えば、殺人の禁止は哀悼可能な生にのみ適用され、哀悼不可能だと見なされた生（既に失われたと見なされ、それゆえ十全に生きていない人々）には適用されないことになる。このように、もし非暴力の倫理が生の平等な価値を前提とし、それを肯定することだとすれば、哀悼可能性の差異的＝差別的配分の問題に取り組まねばならない。従って、哀悼可能性の不平等な分配は、不平等の構造の中で、あるいはむしろ暴力的否認の構造の中で人間や他の生物が差異的＝差別的に生産されることを理解するための、一つの枠組みであるかもしれない。平等は形式的にはすべての人間に行き渡るという主張は、人間がどのように生み出されるのか、あるいはむしろ、誰が認識可能で価値ある人間として生み出され、誰がそうでないのか、という根本的な問題を回避することになる。平等は、概念として意味をなすためには、そうした形式的外延があらゆる人々に及ぶことを含意しなければならないが、その場合も私たちは、誰が人間というカテゴリーに含まれ、誰が部分的に含まれ、誰が完全に排除されるのか、誰が完全に生きていて、誰が部分的に死んでいるのか、誰が失われたら哀悼されるのか、誰が実質的、社会的に死んでいるという理由で哀悼されないのか、という点を前提としている。だからこそ、私たちは人間を分析の基礎と考えることはできないし、自然状態をその基盤と考えることもできないのである。人間とは、歴史的に変化する概念であり、社会的、政治的権力の不平等な諸形式の文脈の中で異なった仕方で分節化される。人間という領野は、基本的排除によって構成されており、その単位に数えられない諸形象に取り憑かれているのだ。実際、私が問うているのは、哀悼可能性の不平等な分配が、暴力と非暴力についての私たちの意図的な思考法の中にどのように入り込み、それを歪めているのか、ということである。人々は、哀悼可能性について考慮することは死者だけに関わることだと考えるかもしれない。しかし私の論点は、哀悼可能性は既に生において作用しており、それは生物に帰せられる特徴であり、諸価値の差異的＝差別的図式の中でその価値を徴し付けており、また、その生が平等かつ公正な仕方で扱われているかという問いに直接的に関係している、ということだ。哀悼可能であることは、次のように呼びかけられることなのだ――あなたは自分の生が重要であると知っている、あなたの生が失われることは問題だ、あなたの身体は生き、繁栄すべきものとして扱われる、その不安定性《プレカリティ》は最小限に抑えられるべきであり、それに対して繁栄のための援助が整えられるべきだ、と。平等な哀悼可能性を前提とすることは、他人があなたを迎え入れる際の確信や態度であるだけでなく、健康、食、住居《シェルター》、雇用、性生活、市民生活の社会的組織化を組織する原理でもあるだろう。

　暴力的潜勢力が相互依存のあらゆる関係の特徴として現れることを、また、相互依存を構成的特徴と見なす社会的紐帯の概念が両価性《アンビヴァレンス》の諸形式を絶えず考慮していることを示唆することで、私は、対立が不変の可能性であり、いかなる仕方でも決定的に乗り越えることのできないものであることを受け容れている。私は、対立が「社会的紐帯」と呼ばれるものの本質的特徴であると（あたかもそれが唯一の特徴であるかのように）主張することにはそれほど興味がない。むしろ、特定の社会的諸関係を考察する際に、私たちはそれら諸関係における両価性の状態を問うことができるし、また問うべきである、と提起することに興味がある。特に、それら諸関係が依存、あるいは相互依存を伴う場合には。社会的諸関係について考える理由は他にもたくさんあるかもしれないが、それが相互依存によって特徴付けられている限り、私の考えでは、両価性や否認について、自律的な心的現実の特徴としてだけでなく、社会的諸関係の心的特徴——それは、暴力の問題を関係性の枠組みの中で理解するという含意を持ち、従って、その収束を心的‐社会的なものと名指している——として問うことが可能になるのだ[16]。もちろん、だからといって、私たちはそうした仕方でしか暴力を考えないというわけではないし、それが最善の方法であるというわけでもない。例えば、身体的暴力、法的暴力、制度的暴力の間には、理解すべき差異が存在する。本書の諸章の賭金は、人口学的想定が暴力についての議論にどう浸透しているのかについて、私たちは何らかの洞察を得ることができるかもしれない、というものだ。特にそうした想定が、正当化可能な場合と正当化不可能な場合の暴力について考える熟慮的努力を動機付けると同時に混乱させるような、《幻想》的操作の形を取る場合には[17]。

私は、平等――それは今や、平等な哀悼可能性という考えを含んでいる――が相互依存に結び付くことを、また平等が、なぜ、どのように戦闘的な種類の非暴力を実践するのかという問題に結び付くことを示そうとしてきた。生の価値に対する平等主義的アプローチが重要な一つの理由は、それが、どのように非暴力を実践するのが最善かという倫理的検討に踏み込んでいると同時に、ラディカル・デモクラシーの諸理念から導き出されている、という点にある。暴力の制度的生は、禁止によってではなく、反制度的なエートスと実践によってのみもたらされるだろう[18]。

相互依存は、あらゆる生存関係の潜在的な部分である破壊性の問いを常に提起している。しかしながら、権力の主権的操作と生政治的操作を横断する暴力と遺棄の社会的組織化は、私たちが非暴力の実践を考察すべき場としての同時代的地平を構成している。この点は繰り返す必要がある。もし実践が個人の生の様態や意思決定に限定されたままであるとすれば、私たちは、平等の関係的特徴を唯一分節化する相互依存や、社会的諸関係を構成する破壊可能性を見失うことになるのだ。

こうして私は、非暴力という倫理的立場は根本的平等への関与に結び付かねばならない、という最後の論点に到達する。より具体的には、非暴力の実践に必要なのは、保護すべき価値のある生とそうではない生――巻き添え被害《コラテラル・ダメージ》と、あるいは政策や軍事目的の妨害と見なされる諸人口――を恒常的に区別する、生政治的形式のレイシズムと戦争の論理に反対することである。さらに私たちは、「もし移民がやって来たら、彼らは私たちを破壊するだろう、文化を破壊するだろう、あるいは、ヨーロッパや英国を破壊するだろう」という暗黙の戦争の論理がどのように諸人口の管理に入り込んでいるのかを考察しなければならない。そのときこの確信は、破壊の場所として《幻想》的に理解される人口に対して、暴力的破壊――あるいは拘留キャンプでの緩慢な終身刑――を許容することになる。この戦争の論理によれば、それは難民の生と、難民から保護される権利を主張する人々の生のどちらを選択するか、という問題である。そうした場合、レイシズム的でパラノイア的なヴァージョンの自己防衛が、他の人口の破壊を認めることになる。

結果として、非暴力の倫理的、政治的実践は、もっぱら二者間の出会いのみに依拠することも、禁止の強化のみに依拠することもできない。それが必要とするのは、社会的紐帯の拘束的で相互依存的な特徴を隠蔽する《幻像《ファンタスマゴリア》》的逆転に依拠した、レイシズムや戦争の論理の生政治的諸形式に政治的に反対することである。それが必要とするのはまた、暴力と非暴力、あるいは暴力と自己防衛を理解するための枠組が、なぜ、どのような条件下で、互いに逆転するように見え、それら諸関係を知る最善の方法について混乱を引き起こすのかを説明することである。なぜ平和の嘆願が「暴力的」行為と呼ばれるのだろうか。なぜ警察を阻止する人間のバリケードが「暴力的」攻撃行為と言われるのだろうか。暴力と非暴力の逆転は、どのような条件下で、どのような枠組みの中で起きるのだろうか。特に、セキュリティ、ナショナリズム、ネオファシズムの名において暴力が正当化されることが増えつつある世界では、最初に暴力と非暴力を解釈することなしに非暴力を実践する方法は存在しない。国家は、批判者を「暴力的」と呼ぶことで暴力を独占する。私たちはこのことを、マックス・ヴェーバー、アントニオ・グラムシ、そしてベンヤミンによって知っている。[19] 従って、暴力を抑制あるいは抑止するためには暴力が必要だと主張する人々、警察や監獄を含む法の力を最終的な調停者として称賛する人々には警戒が必要である。暴力に反対することは、暴力が必ずしも常に殴打という形を取るわけではないことを理解することである。暴力を作動させる制度的諸形式は、私たちに次のような疑問を抱かせる。誰の生が生として現れ、誰の喪失が喪失として登録されるのだろうか。そうした人口学的想像力は、倫理、政策、政治においてどのように機能するのだろうか。もし私たちが、暴力が特定され得ず、生が殺される前に生者の領域から消滅するような地平の内部で活動するなら、政治的なものを倫理的なものの中に組み込むような仕方で――つまり、グローバルな領域の中で関係的義務の主張を理解するような仕方で――思考し、理解し、行動することはできないだろう。ある意味で私たちは、今やあまりに多くの不平等と抹消が行われているこの破壊的想像力の地平を打破しなければならない。私たちは、破壊に関与する人々と、彼らの破壊力を再現することなく闘わねばならない。こうした闘い方を理解することは、非暴力の倫理と政治の課題であり義務である。

換言すれば、私たちは自然状態の新たな定式化を必要としているわけではなく、所与の政治的現在から私たちを逸脱させるような、変化した知覚状態、別の想像力を確実に必要としているのだ。そうした想像力は私たちが、倫理的で政治的な生――その生においては、攻撃性や悲しみが直接暴力に転化することがなく、決して自ら選択したことのない社会的紐帯の困難や敵意に耐えることができるかもしれない――への道を見出すのに役立つだろう。私たちは、あらゆる生が持続可能な世界を築く義務を負うために、互いに愛し合う必要はない。存続する権利は、社会的権利としてのみ、私たちが互いに負う社会的でグローバルな義務の主体的審級としてのみ理解できる。相互に依存した私たちの存続は、関係的であり、脆弱であり、時には対立的で耐え難く、また時には恍惚として喜ばしいものでもある。多くの人々は、非暴力の主張は非現実的だと述べるが、彼らは恐らく現実に心を奪われすぎているのだろう。誰も非暴力に賛成せず、誰もその不可能性を追求しない世界に住みたいか、と私が尋ねると、彼らの答えはいつも否だ。不可能な世界とは、私たちの現在の思考の地平を超えたところに存在するもののことだ――それは、恐ろしい戦争の地平でも、完璧な平和の理想でもない。それは、私たちの紐帯を引き裂く潜勢力を持った世界のあらゆるものに抗して、その紐帯を維持するために必要な、終わりなき闘争である。破壊を抑制することとは、私たちがこの世界で可能な最も重要な肯定の一つである。それは、あなたの生と、生者の領域とに結び付いたこの生の肯定であり、破壊の潜勢力と、それへの対抗力とに捕われた肯定なのである。

訳註

(ⅰ) Walter Benjamin, »Zur Kritik der Gewalt«, in *Gesammelte Schriften*, vol. II-1, Frankfurt am Main: Suhrkamp, 1999, p. 192.［ヴァルター・ベンヤミン、『暴力批判論――ベンヤミンの仕事1』、野村修編訳、岩波文庫、一九九四年、四八頁］

(ⅱ) Sigmund Freud, *Civilization and Its Discontents*, in *The Standard Edition of the Complete Psychological Works of Sigmund Freud*, trans. James Strachey, vol. 21, London: Hogarth Press, 1961, pp. 111-114; *Das Unbehagen in der Kultur*, in *Gesammelte Werke*, vol. XIV, Frankfurt am Main: Fischer, 1999, pp. 470-473.［ジークムント・フロイト、『文化の中の居心地悪

さ』、高田珠樹訳、『フロイト全集』20、岩波書店、二〇一一年、一二一―一二五頁〕

第二章　他者の生を保存すること

私は比較的単純な問いを、直ちに道徳心理学あるいは道徳哲学に属すると同定できる問いを提起したい。すなわち、何が私たち皆を、他者の生を保存しようとするよう導くのだろうか。もちろん、生の保存についての議論は今や、医療倫理——生殖の自由や生殖テクノロジーに関する倫理を含む——のみならず、保健医療、法の執行、監獄にも及んでいる。私はこれらの議論にここで詳細に立ち入るつもりはないが、私の議論の一部が、これらの議論に参入する方法に何らかの影響をもたらすことを期待する。むしろ私は、いつどこで生の保存が要請されるのか、という議論の一特徴を指摘したい。つまり私たちは、何が生と見なされるかについて、常に幾つかの前提を設けている。これらの前提は、生がいつどこで始まるか、あるいは、生はどのように終わるべきか、という点のみならず、別の登録域においては、誰の生が生物と見なされるか、という問いを含んでいる。

　そこで、「なぜ私たちは他者の生を保存しようとするのだろうか」と問うとき、何がそうするよう私たちを動機付けるのかと問うこともできるだろうし、あるいはその代わりに、何がその種の行動を正当化するのか——あるいはさらに、何が生を保存することの拒否もしくは失敗を、道徳的に正当化できないこととして確立するのか——と問うこともできるだろう。最初の問いは、明らかに道徳心理学の問いであるとは言え、心理学的なものだ。第二の問いは、道徳哲学あるいは倫理──時にその主張をするために道徳心理学に依拠するような領域──に属している。しかし、これらの問いはまた、社会理論や政治哲学と重なり合うのだろうか。

多くのことが、どのように問いを提起するか、問いを提起する際に何を前提とするかに依存している。例えば、もし単一の他者について問いを提起し、何がこの他者の生を保存しようとするよう私たち皆を導くのだろうか、と問うなら、それは差異を生み出すことになる。その問いは、私たちが強く同一化する何らかの特定集団の諸々の生──暴力や破壊の危険に、あるいはすべての生者による危険に曝されているように見える、可傷的《ヴァルネラブル》集団の諸々の生──を保存しようとするのか、と問うこととは異なっている。何が特定の他者の生を保存しようとするよう私たちを導くのだろうか、と問うことは、「あなたは私が知っている誰かなのか、それとも私が知らない誰かなのか」という二者間の関係を前提としている。いずれの場合も私は、ある環境下で、危険を払い除ける、あるいはあなたの生を脅かす破壊的力を止める立場にあるのかもしれない。私は何を行い、なぜそうするのだろうか。そして、私が最終的に取る行動を何が正当化するのだろうか。これらの問いは、道徳哲学や道徳心理学の領域に属しており、これらの領域によって考慮される問いの幅を超えることはないと思われる。何らかの特定集団の生を保存しようとするのかと問うこと──何がそうした行動を正当化するのかと問うこと──は、「生政治的」考察と呼び得るものを前提としている。それは、何が生と見なされるかのみならず、誰の生が保存に値すると見なされるかを考察するよう要請する。ある条件下では、誰の生が生と見なされるのかと問うことには意味がある──たとえその定式化が、

「もしそれが生と見なされない生であるなら、それはやはり生ではないのだろうか」という同語反復に陥るように思われるとしても。

生政治というこの問いには、次章で立ち戻ることにする。ここでは第一の問いに立ち戻り、それから始めることにしたい。すなわち、何が他者の生を保存しようとするよう私たち皆を導くのだろうか。それは何らかの形で、ただ諸個人についてのみならず、制度的アレンジメント、経済システム、統治形式についても問われるべき問いである。どんな構造や制度が、ある人口《ポピュレーション》＝住民の生を、あるいはさらに、あらゆる人口《ポピュレーション》＝住民の生を保護するよう配置されているのだろうか。私たちは精神分析に目を向け、命を奪わないために、そして生を保存しようとするためにそこでどんな基盤が示されているのかを見ていきたい。それは、個人心理学と集団心理学の関係を考えるということではない。というのも、両者は常に重なり合うからであり、私たちの単独的で主体的なジレンマそのものさえ、私たちをより広い政治的世界へと関与させるからだ。「私」と「あなた」、「彼ら」と「私たち」は互いに包含し合っており、そうした包含関係は単に論理学的なものではない。それは両価的《アンビヴァレント》な社会的紐帯として生きられており、その社会的紐帯は常に、攻撃性と交渉せよという倫理的要求を提示するのである。それゆえ、もし「私」を、さらには「私たち」を無批判に使用して道徳的探究を始めるなら、単独かつ複数の主体が、道徳的考察を通じて交渉しようとする諸関係によってどのように形成され、異議を申し立てられるかを考えるという、先行する適切な探究を遮断してしまったことになるのだ。

この問いが提示される仕方は、もう一つの問いを、すなわち父権主義の問いを提起する。誰が

「保護＝保存する［preserve］」集団に属すのだろうか。また、誰が「保護＝保存」の必要がある生を持つと想像されるのだろうか。「私たち」はまた、自分たちの生を保護＝保存されたものとする必要はないのだろうか。その問いを問う人々の生は、その問いが問われる対象の生と同じものなのだろうか。その問いを提示する私たちの生について、私たちは自分自身の生もまた保護＝保存に値するものであり、もしそうだとすれば、誰がそれを保護＝保存するよう求められるのか、と考えるのだろうか。あるいはむしろ、私たちは自分たちの生が価値あるものだと想定し、私たちの生を保護＝保存するためにすべてがなされるだろう――「私たち」がそうした前提を持って生きていない「他者たち」についてこの問いを問うように――と想定するのだろうか。「私たち」は本当に、私たちが保護＝保存しようとする「他の」諸々の生から分離可能なのだろうか。もしこの問題を解決しようとする「私たち」が存在するなら、そしてそのとき、私たちの熟慮の受取人である「他者たち」が存在するとすれば、私たちは、ほぼ間違いなく父権主義的な、次のようなある種の分割を引き受けるのだろうか。すなわち、生を保護＝保存する力を持つ――あるいは、そうした力を付与された――人々（あるいは、私たちの中で、私たちの生を既に保護＝保存しようとする力を持つ人々）と、その生が保護＝保存されない危険に曝されている人々――すなわち、その生が熟慮あるいは怠慢によるある種の暴力によって危険に曝されており、その生存がある種の対抗力によってのみ確保され得る人々との間の分割を。

　これは例えば、「可傷的《ヴァルネラブル》諸集団」が同定される際に起きることである。一方で、「可傷的諸集団」あるいは「可傷的諸人口」に関する言説は、フェミニズム人権活動とケアの倫理にとって重要であり続けてきた[1]。というのも、もしある集団が「可傷的」と呼ばれるなら、そのときその集団は、保護要求を可能にする地位を得るからだ。そのとき、次のような問いが現れる。その主張は誰に向けられているのだろうか。また、どの集団が、可傷的なものの保護を課されたものとして現れるのだろうか。他方で、可傷的諸集団に対して責任を負う人々は、そうした集団を指定する実践を通じて、可傷性《ヴァルネラビリティ》を取り除かれるのだろうか。もちろん問題は、可傷性の不平等な配分を強調することである。しかし、もしそうした指定が暗黙に、可傷的諸集団と非可傷的諸集団を区別し、非可傷的諸集団に可傷的諸集団を保護する義務を課すとすれば、そのときそうした定式化は、二つの問題含みの想定を行っていることになる。第一に、そうした定式化は諸集団を、あたかもそれらが既に可傷的なものか非可傷的なものとして構成されるかのように扱っている。第二に、そうした定式化は、相互の社会的義務が最も切迫して必要とされるまさにそのときに、権力の父権主義的形式を強化している。

　私たちの中で、生を擁護せよ、さらには生を保護せよという倫理的要求に応答する者として自分自身を理解する人々は、可傷的なものは父権的な力を持つものから一見道徳的な理由で区別される、という社会的ヒエラルキーに同意していると考えるかもしれない。もちろん、そうした区別が記述の上では正しいと主張することは可能だが、それが道徳的考察の基礎になるとき、道徳的考察に社会的ヒエラルキーが適用され、共有されたあるいは相互的な平等条件の願望的規範に道徳的推論が対立することになる。もし可傷性に依拠した政治が、最も切迫して解体されるべきヒエラルキーを強化することに終わるとすれば、それは完全に逆説的ではないとしても、厄介な事態だろう。

私は他者の生を、あるいは複数形の他者たちの生を保存するための心理学的動機を問うことから始めたが、そうした問いは、人口学的差異の管理と、権力の父権主義的諸形式の倫理的策略に関する政治的問いへと続いている。これまでの私の探究は、「生」、「生者」といったキーワードや、「保存すること、保護すること」が何を意味するかを批判的に検討しておらず、また、他者たちの生を潜在的に保護＝保存する人々が同時に、潜在的に保護＝保存の必要な状態にある——またそれが、可傷性と曝されの潜在的に共有された条件、そうした条件が含む義務、そうした条件が必要とする種類の社会的、政治的組織化について何を含意するか——という形で、これらを相互行為として考えることができるか、という点を批判的に検討していない。

私の探究は、破壊の諸様態——私たち自身が解放する破壊を含む——から生を保護する可能性を問うことに向けられている。私の賭金は、諸々の生そのもの——私たち自身がそれを破壊する力を持つ——を保存する方法を見つけることだけでなく、そうした生の保存が、心の中のそうした意図と共に、組織化されたインフラストラクチャーを必要とする、ということでもある。（もちろん、諸々の生をまさしく保存すまいとするインフラストラクチャーは存在するのであり、インフラストラクチャーだけでは生の保存のための十分条件とはならない。）私の問いは、道徳的に説明可能な主題として、ある生を、あるいは一連の生を保存するために何を行うか、あるいは、行うことを拒否するか、というもののみならず、生の保存のためのインフラストラクチャー的条件が再生産され、強化されるような仕方でどのようにして世界が構築されるか、というものでもある。もちろんある意味で、私たちは確かにその世界を構築しているが、別の意味では、構築された、決して私たち個人が作ったのではない世界を含む、生物圏の中に現れている。さらに、気候変動というますます切迫する問題から私たちが知るように、環境は人間の介入の結果として変化しており、人間、非人間の生の形態にとっての生存可能性の条件を破壊する、私たち自身の力の効果を生み出している。これは、人間中心主義的個人主義の批判が、平等主義的想像力の文脈において、非暴力のエートスの発展にとって重要だとわかる、さらにもう一つの理由である。

非暴力のエートスは、それがどんなものだと判明しようと、道徳哲学とも道徳心理学とも異なったものであることがわかるだろう。とはいえ、道徳的探究は、精神分析的かつ政治的領域を切り開くような場所へと私たちを導いてくれる。フロイトが破壊性と攻撃性の起源を考察する際に確かにそうしたように、私たちが道徳心理学を出発点と見なすとき、私たちの推論は、基本的な政治的構造に照らしてのみ意味を持つのであり、破壊的潜勢力がどのようにあらゆる社会的紐帯に内在するのかをめぐって私たちが行う仮定を含んでいる。もちろん、諸々の生はいずれにせよ、特定の歴史的視点から見たときにのみ現れる。それらの生は、見られる枠組みに応じて価値を持ったり失ったりするが、それはいかなる所与の枠組みも生の価値を決定する完全な力を持つ、という意味ではない。生の価値を評価する差異的＝差別的方法は、諸々の生は多かれ少なかれ哀悼可能と考えられる、という暗黙の評価図式によって特徴付けられる。幾らかの生は偶像的次元を達成し――つまり、完全かつ明白に哀悼可能な生であり――、別の諸々の生はほとんど徴しを残さない――つまり、完全に哀悼不可能な生であり、その喪失はいかなる喪失でもない――。そして、その価値がある枠組みの中では前景化されるが、別の枠組みの中では失われてしまい、その価値はせいぜい明滅するものでしかないような、膨大な領域が存在する。哀悼可能なものの連続体が存在すると言うこともできるだろうが、その枠組みによって私たちが理解できないのは、例えば、ある生はある共同体の中では積極的に哀悼され、支配的な国内的あるいは国際的枠組みの中ではまったく徴し付けられない——そして徴し付け不可能だ——という場合である。しかしながら、こうしたことは常に起きる。そうした理由からも、哀悼する共同体はまた次のことに抗議するのである——単にその命を奪ったことに責任がある人々のみならず、そうした生は常に消滅しつつある、これは単に物事が過ぎ去る仕方に過ぎないと想定する世界に生きる人々が、その生は哀悼不可能だと考えることに。こうした理由からも、哀悼は抗議であり得るのであり、喪失がいまだ公的に承認も哀悼もされていないとき、両者は共に進まねばならない。哀悼的抗議——ここで私たちは、黒衣の女性たち［Women in Black］[i]、アルゼンチンの五月広場の祖母たち［Abuelas de Plaza de Mayo］[ii]、あるいはアヨツィナパの四三人[2][iii]の家族と友人たちについて考えることができる——は、この失われた生は失われるべきではなかったと主張し、それは哀悼可能であり、あらゆる侵害が起きる遙か前にそのように見なされるべきだったと主張する。またそれは、死がどのように起きたか、誰に責任があるのかを立証する科学的証拠を要求する。暴力的な死を説明できないことは、哀悼を不可能にする。というのも、喪失が知られていても、どのように死が起こったかをめぐる説明が行われていないため、喪失が完全には登録され得ないからだ。その限りで、死は哀悼不可能なままに留まっている。

この仕事の規範的目標は、哀悼可能性の根本的平等をめぐる政治的想像力の定式化に貢献することである。それは単に、私たち全員が死者を哀悼する権利を持つ、あるいは、死者は哀悼される権利を持つ、というものではない——それは疑いなく正しいが、私が意図する十全な意味を捉えていない。誰かが哀悼されることと、同じ人物が生物として哀悼可能性の性格を持っていることとの間には差異がある。後者は条件法を、つまり、哀悼可能な人々は、その人々が失われるなら、哀悼されるだろう、という条件法を伴っている。哀悼不可能な人々は、その喪失がいかなる痕跡も残さないであろう、あるいは恐らくほとんど痕跡を残さないであろう人々なのだ。それゆえ、もし私が「哀悼可能であるあらゆる人々の根本的平等」を要求するなら、一部の人々は哀悼可能なレヴェルに達することなく、哀悼に値する生だと捉えられることができない、という形で哀悼可能性が差異的=差別的に割り当てられる仕方に焦点を当てることはできないだろう。私の考えでは、私たちは財や資産の不平等な分配について語るのと同じように、哀悼可能性の根本的に不平等な分配についても語ることができる。それが意味するのは、計算法に基づいて分配する権力が存在するということではなく、この種の計算は多かれ少なかれ暗黙の仕方で権力体制全体に浸透している、ということだろう。また一部の人々は、私が全員に、他者の死を前にして泣くよう求めていると、また、私たちが知ってさえいない人々のためにどのように哀悼すればよいかと問うよう求めていると考えるかもしれないが、私が示唆したいのは、喪失が近しいものでない場合、それが遠い喪失である場合、あるいはそれがむしろ名前のないものである場合、哀悼行為は異なった形を取る、ということだ。ある生が哀悼可能だと述べることは、ある生は——それが失われる前にさえ——それが失われる場合には哀悼に値する、あるいは値するだろうと主張することなのだ。生は、死すべき運命との関係で価値を持つのである。もし他者の哀悼可能性の感覚を他者に対する倫理的態度に結び付けるなら、ある人物を差異的＝差別的に扱うことになる。もし他者の喪失が喪失として現れ、徴し付けられ、哀悼されるとすれば、また、もし喪失の可能性が恐れられ、それゆえ危害や破壊からその生を保護するために予防策が講じられるとすれば、そのとき、生を尊重し保護する私たちの能力そのものは、その作動中の哀悼可能性の感覚——生が中断される、あるいは失われる場合には哀悼されるだろう、無際限の潜勢力としての生の推測的未来——に依拠することになる。

私が示したシナリオは、問題が二者的な仕方で構造化された倫理的関係に属しているかのように働いている。私はあなたを哀悼可能で貴重なものとして見るし、恐らくあなたも私を同じように見るだろう。しかし、問題は二者関係を超えて進み、社会政策、諸制度、そして政治的生の組織化を再考するよう要求する。実際、もし諸制度が哀悼可能性の根本的平等という原理に従って構造化されているとすれば、それが意味するのは、これら制度的条件の内部で理解されたあらゆる生は保存に値する、その喪失は徴し付けられ嘆かれる、この点はこの生やあの生についてのみならず、あらゆる生について当てはまる、というものだろう。私が示唆したいのは、これは私たちが保健医療、投獄、戦争、占領、市民権について、多かれ少なかれ哀悼可能なものとしての諸人口《ポピュレーションズ》＝住民の間で区別を行うものすべてについて私たちがどう考えるかをめぐって、幾らかの含意を持っている、ということだ。

そこにはやはり、生についての扱いにくい問いが存在する。生はいつ始まるのだろうか。私が「生物」たちについて語るとき、どんな種類の生物を念頭に置いているのだろうか。つまり、彼らは人間主体なのだろうか。それは胎児の生命を含み、それゆえ必ずしも「彼ら」ではないのだろうか。また、昆虫、動物、他の生物有機体はどうなのだろうか――それらはすべて、破壊から保護されるに値する生物の形態ではないのだろうか。それらは明確に区別される存在ではないのだろうか、あるいは、私たちは生の過程あるいは関係に言及しているのだろうか。湖沼、氷河、木々についてはどうだろうか。もちろん、それらは哀悼され得るし、それらはまた物質的現実として、喪の作業を導くことができる。(3)

さしあたり、次の点は反覆しておくに値すると思われる。私が分節化しつつある倫理は、特定の政治的想像力に、手続きの推量的方法、条件法の実験的方法を必要とするような平等主義的想像力に結び付いている。つまり、失われれば哀悼されるであろう生のみが哀悼可能な生と見なされるのであり、それは暴力や破壊から積極的かつ構造的に保護される生なのである。この条件法過去［＝仮定法過去］という文法形式の使用は、潜勢力を試す一つの方法であり、あらゆる生が哀悼可能だと見なされる場合に何が起きるかを仮定する。そこから私たちが理解するのは、誰の生が重要で、誰の生が重要でないか、あるいは誰の生がより保存される傾向にあり、誰の生がそうでないか、という考察の直中にいかにしてある種のユートピア的地平が切り開かれるか、ということであり、つまり、倫理的考察を平等主義的想像力の中に組み込もう、ということだ。想像的な生は、この考察の重要な部分であり、非暴力の実践のための一条件でさえあることがわかるのである。

私たちは一般に、生が保存されるべき条件をめぐる道徳的ジレンマに直面するとき、諸々の仮説を定式化し、それらを様々な想像的シナリオによって吟味する。もし私がカント主義者なら、次のように問うかもしれない。もし私がある仕方で行為するなら、全員が同じ仕方で行為するよう、あるいは少なくとも同じ道徳的原理に従って行為するよう望むことができるだろうか。カントにとっての問いは、人は行動する際に、意欲において矛盾を犯すのか、それとも合理的に行為するのか、ということだ。カントは私たちに、否定的定式化と肯定的定式化を示している。「私の格律が普遍的法則となるべきことを私もまた欲し得るように行動し、それ以外の行動を決して取るべきではない」[4]。そして、「君の格律がいついかなる場合でも同時に法則として普遍性を持ち得るような格律に従って行為せよ」[5]。彼が示す一つの例は、虚偽の約束の例であり、自分自身を困難な状況から救い出すためになされるものだ。この手段は機能しないように思われる。なぜなら、「確かに私は、嘘を欲することはできるが、しかし嘘をつくという普遍的法則を欲することはとうていできないことを、直ちに悟る」[6]からだ。彼の主張によれば、他者たちも「私の嘘に嘘で報いるだろう」。従って「嘘をつくという」彼の「格律を普遍的法則に仕立てるや否や、この格律は自滅せざるを得ないだろう」[7]。私はそれを次のように解釈する。嘘をつかれるという見込みを好まない、という単純な理由から、私は虚偽の約束が普遍的実践になることを合理的に欲することはできない。しかし、嘘をつくことを許すあらゆる格律の矛盾した性格を理解すべきだとすれば、私はそうした可能性そのものを想像しなければならない。

もちろん、帰結主義者にとっては、あなたが行為することを選ぶように全員が行為するような世界に生きる帰結を想像せよという格律は、ある種の実践は完全に支持不可能であるという結論を導くことになるが、それは、その実践が不合理だからではなく、それが望まれざる結果損害を与えるからだ。私が示唆したいのは、いずれの場合にも、潜在的行動は仮定的に相互的なものとして形象化される、ということだ。つまり、ある人自身の行為は、他者の行為の想像的形式において戻ってくるのであり、他者は私に、私が他者に働きかけるように働きかけ、その帰結は有害な帰結であるがゆえに受け容れ不可能なのである。（カントにとって、損害は理性に与えられるが、これは、こうした仕方で仮定を用いるあらゆる道徳哲学者に当てはまるわけではない。）問いをより一般的にすれば、私が一連の暴力的行為を提起するとき、私が行為を提案するのと同じ仕方で他者が行為するような世界に生きたいか、というものだ。私たちは再び、私が恐らく他者に対して欲し得ないことを私に対して欲することは不合理である、と結論することができる。あるいは、もし私が行為するような仕方で他者が行為すべきだとすれば、世界そのものが居住＝生存不可能になるだろう、と結論することができるだろうし、そのとき私たちは、生存可能性の閾値を示していることになるだろう。

いずれの道徳的実験においても、人は自分の行為を誰か他人の行為として想像するのであり、反転された、あるいは相互化された潜在的破壊行為として想像する。それは困難で人を当惑させるような想像であり、私自身の行為から私を追放することを命じるものである。私が想像している行為は、確かにその中に私の何かを含むとしても、もはや私自身が行うと想像するものではない。しかし、私はその行為を可能的な誰かに、あるいは無数の誰かに帰して、行為そのものから少なからず距離を取ってきた。その行為が私に回帰し、それを他者の潜在的行為として私に課してくるとき、私はそれほど驚くべきではない。というのも私は、自分が考察しようとする行為から距離を取ることから始め、それを誰もに、全員に帰するからだ。もしその行為が外部の誰かの行為であり、それゆえ私のものでないとすれば、そのときそれは最終的に誰に属しているのだろうか。こうしてパラノイアが始まる。私の仮定は、そうした想像の形は重要な仕方で、精神分析や、それによる幻想の説明と交差する、というものだ。つまり、ある人の行動は、他者の行動の形で自分自身に返ってくるのである。そうした行動は複製され、あるいは攻撃性の場合には、他者から生じるものとして形象化され、自分自身に向けられるだろう。迫害幻想の光景では、外的形象を通じた自分自身の攻撃性の想像的回帰は、ほぼ生存が不可能な状況である。もし私たちが、想像行為を道徳哲学における相互行為に結び付けるものは何か（私が行為するように他者たちが行為するとすれば、それはどのようにしてか）と、また、想像行為を幻想において生起する反転に結び付けるものは何か（外的な形で私に戻ってくるものは、誰の攻撃性なのか――それは私自身の攻撃性であり得るのか）と問うなら、相互行為を想像するという行為が、自分自身の攻撃性が他者の攻撃性に結合される方法を理解することにとって決定的である、ということが理解できるだろう。これは、単に投影的鏡像や認識の失敗ではなく、攻撃性をあらゆる社会的紐帯の一部と考える方法なのである。もし私が行っていると想像する行為が、原理上、私が被ってもいる行為であるとすれば、そのとき、個人的行為に関する考察を、社会的な生を構成する相互関係から切り離すことはできない。この仮定は、生の平等な哀悼可能性について私が行いたい議論にとって、重要なものであることが明らかになるだろう。

私が示唆したいのは、道徳哲学が極めて根本的な仕方で精神分析的思考に関係付けられる場は、置換可能性の《幻想》的次元である、ということだ。つまり、ある人が他の人に置き換えられ得るのであり、これは心的な生において極めて頻繁に起きる、という考えのことである。そのとき、このテーゼに照らして、帰結主義的見解の一ヴァージョンを簡潔に整理し直してみたい。もし私が破壊的行動を目論むなら、そして私が行動しようとするように他者たちも行動すると想像するなら、私は最終的に、その行動の受取人として私自身を配役することになるだろう。それは迫害幻想（あるいは、それに無意識的性格を与えるクライン的説明における《幻想》）に帰結するかもしれず、それは私が行うかもしれないと考えた（あるいは確かにそう望んだ）行為を私に思いとどまらせるほど十分に強いものかもしれない。私が行動するつもりであるように他者たちが行動するかもしれないという考え、あるいは、私が他者たちに行うつもりのことを他者たちが私に行うかもしれないという考えは、始末に困るものであることがわかる。もちろん、もし私が迫害されるだろうと確信し、私が想像する行動の一部が私自身の想像された行動であることを悟ることなく、私が自分自身の願望を保持しているとすれば、そのとき私は、外部から私に到来する攻撃性に対して攻撃的に行為する理由を構築していることになるだろう。私はそうした迫害《幻想》を、自分自身の攻撃的行為の正当化として用いることができる。あるいは、それは理想的には、行為しないよう私を説得することもできるだろうが、それは私が、私に押し付けられる《幻想》の中で、自分自身の潜在的行動を依然として認識している場合に限られる。

私自身の攻撃性こそが他者の行動という形で私に向かってくること、それに対して今や私は自分自身を攻撃的に防御しようとしていることを人が悟るとき、それはいっそう悲劇的あるいは喜劇的である。それは私の行動だが、私はそれを他者の名に帰しており、あの置換と同じくらい方向を誤っており、それはやはり、私が行うことは私に対して行われ得ると考えるよう私に強いるのである。私は「考える」と言ったが、これは必ずしも反省的行為ではない。いったん置換が幻想に服従すれば、それに続いて非意志的連想が生じることになる。それゆえ、実験は極めて意識的に始まるにもかかわらず、他者を私に、私を他者に置き換えるような置換は、一連の非意志的応答――それが示唆するのは、置換の過程、置換への心的感受性、原初的で他動詞的な模倣《ミメーシス》が、精神の熟慮的行為によって完全に調整《オーケストレート》あるいは抑制されることはあり得ない、ということだ――の中に私を巻き込んでしまう。(8) ある意味で置換とは、私という「自我」の出現そのものに先立つのであり、あらゆる意志的熟慮に先立って作動する。(9) それゆえ私が、私を他者たちに、あるいは他者たちを私自身に置き換える作業を意識的に私に課すとき、私は恐らく、自分の経験の熟慮的性格を切り縮める無意識的領域に対して敏感になるだろう。従って、何かが私の経験の直中で私と共に実験しているのであり、それは完全に私の管理下にあるわけではない。この点は、なぜ私たち皆が他者の生を保存すべきか、という問いにとって重要となるだろう。というのも、私が提起する問いは、その定式化の途中で逆転し、拡大し、最終的に相互行為の光景として再構成されるからだ。その結果、私の生と他者の生がどのように互いに置き換え可能かを考える際に、両者を完全に分離することは不可能になると思われる。私たちの間の絆は、私が意識的に選択したと思われるあらゆるものを超越するのである。他者を私に、あるいは私を他者に置き換えるという仮定的置換の行為は、暴力によって生み出される相互的損害――言わば、相互的な社会的諸関係そのものに対して行使される暴力――をめぐるより広範な考察へと、私たちを導いてくれる。しかしながら時として、他者を自分自身に、自分自身を他者に置き換えるこの能力そのものは、より大きな暴力へと至る世界を確立し得る。これはどのように、なぜ起きるのだろうか。

私たちが、いなくなってほしいと思う人々の命を奪うことができない、あるいは奪ってはならない一つの理由は、全員が同じことを行う世界では、私たちは矛盾なき仕方で生きることはできない、という点にある。この基準を私たちの行動に適用することが意味するのは、私たちは自分がそうした仕方で確実に行為する世界を想像しなければならない、自分自身を行動への途上に置き、自分自身を制止する理由があるかどうかを問わねばならない、ということだ。私たちは自分の殺人的行動の帰結を想像しなければならない。それは人を不安にさせる幻想を経由することを含意しており、その幻想は完全に意識的に編成《オーケストレート》されているわけではない、と示唆しておきたい。というのも、私のせいで他者が死ぬかもしれないと想像することは既に、逆もまた正しいかもしれない、つまり、他者のせいで私が死ぬかもしれない、ということを示唆しているからだ。しかしながら、私は恐らく自分の信念を隔離して、自分の行動が一方的で非相互的だと想像するだろう。それが意味するのは、私は他者のせいで死ぬ可能性を考慮することから離脱する、ということだろう。もし自分の信念がこうした否認、あるいはこうした離脱に基づいているとすれば、自分自身をどのように理解するかをめぐって、それはどのような帰結をもたらすのだろうか。

人は思考実験を行う際に、他者たちが私を破壊しようとしている、あるいは確実にそうするだろう、その点で、私がまず彼らを破壊しなければ私は愚かである、と結論するかもしれない。いったん思考実験がそうした迫害の形式的可能性に屈してしまえば、議論は殺人の決断を支持するよう働き得る。しかし、他者たちが私を破壊しようとしている、という知覚の基礎は何なのだろうか。

フロイトは、理性が殺人的願望を命令し、強制する力を持つとはまったく考えていない——これは、世界がさらなる戦争の瀬戸際にあった際に彼が行った発言である。また、私たちが理解できるのは、ある種の循環的推論がいかに攻撃性の道具として機能し得るか、という点であり、そうした攻撃性は欲望されるのか、それとも恐れられるのか、という点である。フロイトは、破壊衝動の現実を考慮して、疑いなく倫理的厳格さが必要だと主張した。彼は同時に、倫理的厳格さは目的を果たし得るのか、と自問している。フロイトは『文化の中の居心地悪さ』の中で、超自我の倫理的厳格さは「人間の心的資質の事実を十分に顧慮していない」と軽口をたたいている[10]。というのも彼によれば、「自我はエスを無制限に支配する権限を持たない」からだ。フロイトはまた、「汝の隣人を汝自身と同じように愛せ」という命令は、「人間の攻撃性を撃退する最強の防衛であると共に、文化的超自我がいかに人の心理を理解しないかを示す見事な例である」と主張する[11]。彼はそれ以前に、「戦争と死についての時評」(一九一五年)で次のように述べている。私たちの理性的関与がどれほど入念なものであろうと、「「汝殺すなかれ」という禁止が強調されることからまさに確信できるのは、私たちが、殺人者の無限に長い世代連続の子孫だということである。祖先の血の中にあった殺人欲が、今もなお私たち自身の血の中に存在している」。文明の発達的道程――そして白人支配に関する虚偽の道徳的約束――に異議を唱えた後、彼は、あらゆる文化を貫く生の無意識的次元を主張する。「もし私たちが、無意識的衝動の中で、日々刻々、私たちを邪魔しているものを抹殺しているとすれば〔……〕、私たちの無意識は、些細なことに対してでさえ殺人を犯すだろう[12]」。フロイトの指摘によれば、「私たちは実際、〔道徳的〕教育を受けた人々の中にもまた悪が極めて活発に出現することに驚くかもしれない[iv]」。殺人衝動に関する何かがある程度教育不可能なまま残るのであり、これは特に、諸個人が諸集団と融合する際に起きるのである。

私たちは、心的現実のこの「教育不可能な」次元の力――フロイトはそれを死の欲動に結び付けるだろう――を過小評価すべきではない。私たちは殺人への欲望、さらには殺人を制止するものを簡潔に焦点化してきたが、私たちが理解できるのは、死の欲動は政治的熟慮――それが実際に人間の生に与える損失からまったく切り離された――の内部で機能する、ということだ。私たちはこうした種類の推論の主要な例として、「巻き添え被害《コラテラル・ダメージ》」について考えることもできるかもしれない。それは、実際、破壊を生み出す道具である否認に基づいている。

私たちは、法的で政治的な相互性の諸形式に対する抵抗の多くの徴候を見出すことができる。すなわち、植民地支配の正当化への固執であり、また、病気あるいは食物不足によって、あるいは恐らく、移民に対してヨーロッパの港を閉し、彼らを全体として見捨てること――たとえそれらの身体が、ヨーロッパで最も人気のリゾート地の海岸に打ち上げられるとしても――によって、他者たちを死ぬに任せる意志である。しかし、そこにはまた時として、サディズムの非抑制的満足の伝染的感覚が存在する。私たちはそのことを、合州国の黒人共同体《コミュニティ》に対する警察の行動において見てきたのであり、そこでは警察官から逃げる非武装の黒人男性が、あたかも狩猟の獲物であるかのように容易に、道徳的免責、満足を伴って銃殺されている。あるいはまた、私たちはそのことを、気候変動の現実を認めてしまえば産業拡大や市場経済を制限するよう強いられるだろうと理解している人々による、気候変動を認めない手に負えない議論において見てきた。彼らは破壊が起きつつあることを理解しているが、それを理解しないことを好んでおり、こうして、自分たちがその時代において利益を得る限り、破壊が起きているか否かを気にしないことにしている。そうした場合、破壊性は怠慢によって起きる。たとえ決して言われない、あるいは考えられないにせよ、「私は破壊についいて気にしない」という態度が存在しており、それが破壊に許可を与え、恐らくさらには、産業公害や市場拡大の抑止に対立する満足の解放の感覚に許可を与えているのだ。私たちがまた、現代の政治的生において理解できるのは、ドナルド・トランプがレイシズム的な政策や行動の禁止、暴力の禁止の撤廃を要求する様々な仕方に、どれほど多くの人々が興奮しているか、ということだ。それは、残虐かつ弱体化する超自我——フェミニスト、クィア、反レイシズム支持者を含む左派によって代表される——からの大衆の解放を象徴しているように思われる。

暴力に反対するいかなる立場もナイーヴであることはできない。それは、社会的諸関係の構成的部分である破壊的潜勢力を、あるいは「社会的紐帯」と呼ばれるものを真剣に受け取らねばならない。しかし、もし私たちが死の欲動を、あるいは、攻撃性と破壊性として定義される死の欲動の後期ヴァージョンを真剣に受け止めるなら、そのとき、破壊に反対する道徳原理が心的な生に対して提示する一種のジレンマを、より一般的に考察しなければならない。これは、心的なものの構成的次元を取り除こうとする道徳原理だろうか。そして、もしそれが取り除けないとすれば、それは超自我とその厳格で残虐な断念要求を強化する以外の選択肢を持たないのだろうか。この問いに対するフロイトの一つの回答は、そうした衝動の断念は私たちが期待し得る最善のものであるが、私たちはもちろん、私たち自身の衝動に対して残虐性を解放するような形の道徳性という心的犠牲を支払うことになる。その言明は「汝自身の殺人衝動を殺せ」と理解されるだろう。フロイトは『文化の中の居心地悪さ』で、こうした方針に沿って良心概念を展開している。彼が示すのは、今や破壊性が破壊性そのものに向けられており、それは自分自身の破壊性を完全に破壊することはできないがゆえに、超自我の解放としてその機能を強化し得る、ということだ。超自我が殺人衝動をより激しく断念しようとすればするほど、心的メカニズムはより残虐になる。そのとき、攻撃性、さらには暴力は禁止されるが、もちろんそれは破壊することも取り除くこともできない。というのも、それは自我を攻撃する能動的な生を保持するからだ。これは、両価性《アンビヴァレンス》がどのように倫理的闘争に道を開くかを考察する際に第四章で見るように、破壊を取り扱うフロイトの唯一の方法ではない。

ある意味でフロイトは、私がここで提示している問いと同じような問い――何が私たち皆を、他者の生を保存しようとするよう導くのだろうか――を発しているが、彼はその問いを否定的な仕方で発している。すなわち、心的な生において一体何が、殺人的願望に捉われる際に、損害を与えることから私たち皆を守っているのだろうか、という問いとして。しかしながら、精神分析的思考の内部には別の選択肢が、その問いを言い換える肯定的な仕方が存在する。すなわち、私たちが他者の生を保護しようとする際に、心的な生においてどんな種類の動機が活性化されているのだろうか、という問いである。置換の問題に立ち戻って、私たちは次のように問うこともできる。無意識的形式の置換は、私たちが「道徳感情」と呼び得るものをどのように活気付け、活性化するに至るのだろうか。まさしく他者の場所を乗っ取ることなく自分自身を他者の位置に置く、という可能性を、何が条件付けるのだろうか。また、まさしく他者によって飲み込まれることなく他者を自分自身の場所に置くことを、何が可能にするのだろうか。そうした形の置換は、諸々の生が最初から互いに包含し合っている仕方を証明しており、この洞察は私たちに、最終的にどんな倫理を採用しようと、自己の保存と他者の保存を区別することはできないことを理解する方法を与えてくれる。

メラニー・クラインは、試論「愛、罪そして償い」において、道徳哲学への精神分析的貢献を行い、まさしく愛と憎悪の力学の中に、個人心理学と社会心理学が収束する場を見出している。クラインによれば、人々を幸福にしたいという欲望は「責任と関心の強い感情」に結び付いており、「他の人々への真の共感」は「私たち自身を他の人々の立場に置くこと」を含意している。そうするために、「同一化」が私たちを、利他主義の可能性に達し得るほど近付ける。彼女は述べている。「私たちは、自分自身を愛する人と同一化する能力を持つ場合に初めて、自分自身の感情や欲望を無視して、あるいはある程度まで犠牲にして、しばらくの間、他の人々の気持ちや欲望を第一に置くことができる」。こうした心的傾向《ディスポジション》は完全な自己犠牲ではない。というのも、愛する人の幸福を求めることで、私たちはその人と幸福を共にしていると理解されるからだ。他者を第一に置くという行為において、「いったん私たちが犠牲にしたものを別の形で再び自分のものにする」ような代理的契機が介入する。[13]

クラインは、テクストのこの契機＝瞬間において、次の注記で始まる脚注を挿入する。「私が初めに述べたように、私たち皆の中には、愛と憎悪の絶えざる相互作用が存在する」。[14] 代理的に生きることについての何かがこの考察をもたらしたのであり、あるいは恐らく、愛についての言説を単独で展開するために、それはページ上で、攻撃性についての言説から視覚的《グラフィック》な仕方で分離されねばならなかった。いずれにせよ、二つの言説は収斂し、数段落にわたって収束する。彼女は脚注で次のように注記する。自分は今このテクストで愛に焦点を当てているが、明らかにしたいのは、そこには攻撃性が共存しており、攻撃性と憎悪は生産的であり得るし、愛することがとても得意な人々はまたこれら［愛とは］別の感情を表現し得るし、現に表現していると知っても驚くべきではない、という点だと。彼女が明確にするのは、他者たちに与えることによって、さらには他者たちを保護することによって、私たちは自分自身が両親に扱われたやり方を再演している、あるいは、私たちがどのように扱われたかったかをめぐる《幻想》を再演している、という点だ。彼女はこれら二つの選択肢を開かれたままにして、次のように述べる。「つまり私たちは、愛する人のために犠牲を払い、愛する人に同一化しながら、良い両親の役割を演じ、両親が私たちにしてくれたと時々感じていたように――あるいは、両親にしてほしいと望んでいたように――愛する人に対して振る舞うのである」[v]。

それゆえ、他者への「真の共感」は可能であり、それは「彼らがそうであり、そう感じる際に、彼らを理解する能力」を含意している、と彼女が述べたにもかかわらず、それは、《幻想》的光景の内部である役割を演じ、さらには演じ直すことを含む、同一化の諸様態を通じて確立されているのである。その《幻想》的光景において人は、自分がそうであったように、あるいはそうすべきであったように、子供あるいは親として位置付けられるのであり、それは人が「そうであったと望む」ものと同じである。実際、クラインは続けて次のように断言する。「同時に、私たちはまた、過去にしたいと望み、現在そうしている、両親に対する良い子供の役割を演じている」[15]。それゆえ注記したいのだが、クラインが代理的同一化――それは、他者を幸福にし、さらには私たち自身よりその人物を道徳的に優先するという努力にとって本質的である——と同定するものの契機において、私たちは何らかの哀悼されざる喪失、あるいは何らかの実現されざる願望を役割演技《ロールプレイ》し、再演しているのだ。彼女は議論を次のように締め括る。「状況を逆転させることで、すなわち、他の人に対して良い両親として行動することで、私たちは《幻想》の中で、両親に望んだ愛と善良さを再創造しているのである」(vi)。

この点で、私たちはそうした良き愛を持っていたが、年を重ねたときにその愛を失ったのか、それとも、実際には持っていなかった（あるいは少なくとも、私たちの願望を完全には実現しなかった）そうした良き愛を切望していただけなのか、という点は明確ではない。今や重要なのは、私たちは自らの代理的で贈与的な様態において、かつて持っていたものを現在哀悼しているのか、それとも決して持ったことのない過去を切望しているのか——あるいはさらに、その両者を経験しているのか——、という点である。クラインは、攻撃性についての議論を脚注から本文そのものに引き戻す際に、次のように述べている。

しかし、他の人たちに対して良い両親として行動することもまた、過去の欲求挫折《フラストレーション》と苦痛を処理する一つの方法かもしれない。私たちに欲求挫折《フラストレーション》をもたらした両親に対する数々の不満、それらが私たちに引き起こした憎悪と怒りの感情、そして再び、私たちが両親を愛していたと同時に傷つけもしたがゆえにこの憎悪と怒りから生じる罪と絶望の感情——私たちは、これらすべての感情を、《幻想》の中で、両親を愛する役割と子供を愛する役割を同時に演じることで、

（憎悪の根拠の幾つかを追い出しながら）振り返りつつ解消しているのかもしれない(16)。

それゆえ、真の共感は同一化の諸様態を通じて可能となる、という主張で始まる議論は、他者たちをよく扱い、彼らの幸福を確保しようと努める際に、私たちそれぞれがいかに、自分を十分によく愛してくれなかった人々に対する不満や、私たちが許せない仕方で失った良き愛の持ち主に対する不満を再演しているのかを明らかにする方向へと展開するのである。

同時に、この論理によれば、人は自分がそうではなかった、あるいはむしろ――良くあろうとする子供の頃の努力すべてを圧倒した攻撃性の高まりを考慮すれば――人がなることのできなかった良い子供になることができる。それゆえ私は、クラインが「真の共感」と呼ぶものに関与するとき、私の喪失と不満を言わば解決し、さらには私の罪責感を償っているのである。私は他者を第一に置くが、私の光景は、私あるいはあなたが演じることのできるあらゆる役割を確立する。恐らく、それらすべては極めて簡単だろう。私は、他者を愛しており、他者が感じることを私もまた感じるという理由から、自分が他者に与える満足を共にしているだけだ。つまり、真の共感は可能であり、感情は相互的である。しかしながら、私が愛を与える他者に、私が再演するシナリオから離れて出会うことがあるかどうかをいったん疑問に付すと、そうした定式化の単純さは疑わしいものとなる。そのシナリオとは、私が失ったもの、あるいは私が決して持ったことのないものを再構築しようとする努力であり、たとえ単に《幻想》においてであれ、他者を破壊しようとした、あるいは破壊しようとする際に私が蓄積してきた罪責感と私との和解なのである。私の共感は、私自身の喪失と罪責感によって動機付けられているのだろうか、それとも、私が実現を手助けする他者の幸福を共にするとき、「私」と「あなた」は、私たちが考え得たのと同程度に区別されないのだろうか。もしそれらが何かを共有しているとすれば、正確には何を共有しているのだろうか。あるいはそれらは、自らが現れる場としての《幻想》によって、部分的に不明確にされているのだろうか。

クラインがこの議論を、「償うこと」は愛にとって欠かせない、と締め括るとき、彼女は私たちに、共感について考えるもう一つの方法を示している。恐らく喪失や剝奪に対する他者が決して受け取ったことのない償いゆえに、私がまさしく他者に対して共感を持つように、私はまた、自分が決して持ったことのないものについて、私がどのように世話されるべきだったかについて償いをしているように思われる。換言すれば、私は他者の方に向かっているが、自分自身を償っているのであり、また、こうした運動はどれ一つとして他者なしには生起しない。もし同一化が私の喪失を演じ切ることを含意するとすれば、それはどの程度「真の」共感の基礎として機能し得るのだろうか。他者を幸福にしようとする努力の中には常に「真ならざる」何か、自己専心的な何かが存在するのだろうか。そして、このことが意味するのはまた、その可能性の一つの条件が自己を償うという《幻想》であるとすれば、他者への同一化は決して完全には成功しない、ということなのだろうか。

これらの文章でクラインは不満や罪責感に焦点を当てているが、不満が意味を持つのは、人が過去において剝奪されたという主張に照らしてのみである。剝奪は喪失の形で到来するのかもしれないし（私はかつて愛を持っていたが、今や持っていない）、あるいは非難の形で到来するのかもしれない（私は決してそうした愛を持ったことがないし、確かにそうした愛を持つべきだった）。これらの文章における罪責感は、憎悪と攻撃性の感情と結び付いているように思われる。文字通り親を引き裂いた、あるいは親の心を引き裂いたのであれ、そうでないのであれ、《幻想》は機能しており、子供は必ずしも、それが破壊《幻想》であったか、それとも現実の行為であったかを知らない。標的である親の持続的現前は、子供が殺人者ではないという生きた証拠としては不十分であり、また恐らく、死去した親が自然の原因で死んだという十分な証拠でもないだろう。子供にとってこの殺された人物は、時には同じ屋根の下で、多かれ少なかれ説明不可能な仕方で生き続けており、あるいは時には、子供が説明不可能な仕方で生き続けるその殺された人物なのである（カフカ「家父の気がかり」におけるオドラデク）。実際のところ私たちは、共感的同一化が——クラインによれば——喪失、剝奪の光景を、そして、交渉不可能な依存から帰結する一種の憎悪の光景を再演、反転しようとする努力から形成されている仕方をまず理解することなく、同一化の償い的道筋を理解することはできない。

クラインは次のように述べている。「私は精神分析的研究によって、赤ん坊の心に愛と憎悪の間で葛藤が生じ、愛する人を失う恐れが活性化されたとき、発達上極めて重要な一段階が達成される、と確信した[17]」。問題になっているのは、母親を破壊するという《幻想》は、幼児が根本的に依存する人そのものを失うという恐れをもたらす、という事実である。母親を始末することは、自分自身の存在条件を危険に曝すことだろう。二つの生は、互いに結び付いているように思われる。「無意識的な心の中には、母親を永遠に保持しておきたいという強い欲望によって中和されてはいるが、母親を断念するという傾向が存在する[18]」。赤ん坊とはいかなる計算もない生き物である。自分自身の生が他者の生に結び付いている、という認識がある種の原初的レヴェルに存在するのであり、この依存は形を変えるにせよ、これは社会的紐帯の理論にとっての精神分析的基礎である、と私は示唆しておきたい。もし私たちが互いの生を保存しようとするなら、それは単に、そうすることが私の利益になるからでも、それが私にとってより良い帰結をもたらしてくれると私が確信したからでもない。むしろそれは、私たちが既に、自らの生に先立ち、それを可能にする社会的紐帯に共に結び付けられているからだ。私の生を他者の生から完全に分離することは不可能であり、これは《幻想》が社会的な生に包含される一つの仕方である。

罪責感は、自分自身の破壊性を抑制する一つの方法としてのみならず、他者の生を保護するためのメカニズム、私たち自身の必要と依存から現れ、この生は他の生なしでは生ではないという感覚から現れるメカニズムとしても理解されねばならない。実際、それが保護行為に変わるとき、それがまだ「罪責感」と呼ばれるべきかどうか、私は確信が持てない。もし依然としてその語を用いるなら、「罪責感」は奇妙に生成的である、あるいはその生産的形式は償いである、と結論することができるだろう。しかし「保護」とは、さらにもう一つの未来志向の様態であり、私たちがもたらすかもしれない損害、あるいは他者たちによってもたらされ得る損害を積極的に先取りして回避しようとする、一種の先回りのケア、あるいは他者の生を世話する方法なのである。もちろん償いは、過去に起こったことと厳密に結び付いているわけではない。償いは、私が与えようと望んだだけで、決して行われなかった損害に対してなされるかもしれない。しかし、「保護」は別の何かを行っており、生が生存可能になる、さらには繁栄する可能性の条件を確立しているように思われる。この意味で、保護は保存を前提としているが、両者は完全に同じではない。保存とは、既に存在している生を守ろうとすることであるが、保護とは、生成、生存、未来の条件を守り、再生産することであり、そのときその生の内容、その生存の内容は指示も予測もできず、そのとき自己決定が潜勢力として現れるのである。

よく知られるようにクラインは、幼児は母親の乳房に大きな喜びを感じるが、また大きな破壊衝動も感じる、と繰り返し述べている。自分自身の攻撃的願望が現前する中で、幼児はその願望が、「周知の通り彼が最も愛し最も必要としており、かつ完全に依存しているその対象を破壊してしまった(19)」と恐れるのである。別の瞬間には、幼児は母親、あるいは彼が最も依存している者を失うことに罪責感を感じるだけでなく、「苦悩」を感じるとされるのであり、それは、根本的な無力さの感じられた意味《フェルト・センス》に属するような不安を指し示している。

彼女は述べている。「結局、愛する人に依存することに耐え難くしているのは、《幻想》の中で侵害を加えたためにその人——まず第一に母親であるが——が死ぬかもしれない、という恐れである(20)」。それにもかかわらず、この耐え難い依存は執拗に存在し、どれほど耐え難かろうと保存されるべき社会的紐帯を描き出している。その依存は、殺人的怒りを引き起こすのに十分なほど耐え難いものであるが、その怒りは、もし行為化されれば、一方の他方への依存を考えるとその両方を解体してしまうだろう(21)。

重要なことに、また恐らく逆説的にも、他者［＝母親(vii)］に対して贈与したいという欲望、彼女のために犠牲を払いたいという欲望は、もし私たちが彼女を破壊すればそのとき自分自身の生を危険に曝すことになる、という認識から現れる。それゆえ子供は、自分自身が引き起こしたあるいは想像したと理解する侵害を償い始めるのであり、あるいは恐らく、まだもたらされていない侵害を償い始めるのである。もし私が彼女に償いをしようとするなら、私は自分自身が彼女に損害を与えたと理解しているのであり、あるいは恐らく、心的なレヴェルで殺人を犯したと理解している。こうして、私は自分の破壊性を否認していないが、その有害な効果を逆転しようとしている。それは、破壊性が償いに転化するということではなく、私は自分が破壊性によって駆動されている場合でさえ、あるいはまさしくそのように駆動されているがゆえに、償うということだ。私が払う犠牲がどのようなものであれ、それは償いの道筋の一部であるが、それにもかかわらず償いは効果的解決ではない。フェミニズム文学理論家ジャクリーヌ・ローズは、「償いは全能性を強化し得る」し、さらにそれは、時にクライン理論の中に、発達上の――規律的ではないにせよ――要件あるいは命令として現れる、と注記する。[22] 償いは誤りやすいものであり、過去を書き直す、従って否定する努力からは区別されるべきだ。そうした形の幻覚的否認は、依存と苦悩の心的遺産からの解離あるいはその逆転という目的に奉仕して、スキゾイド的条件を生み出し得る。

私たちがフロイトの中に見出す、人間の破壊性をどのように制限すべきかという問いに対する精神分析的応答は、死の欲動を再迂回させる道具としての良心や罪責感に焦点を合わせている。死の欲動は、超自我を用いて自我がその行為を説明可能な状態に保持するのだが、そのとき超自我は、絶対的な道徳的命令、残酷な処罰、失敗の最終判断をもって襲いかかる。しかし、人の攻撃衝動は内面化を通じて抑制されるというこの論理は、私たちがフロイトにおいて見るように、自己を切り裂く良心、あるいは否定的ナルシシズムにおいてその頂点を見出すように思われる。

しかしながらクラインにおいて、そうした逆転あるいは否定弁証法は別の可能性を、すなわち他者の生を保存する衝動を生み出している。罪責感とは完全に自己言及的なものではなく、他者との関係を保存する一つの方法であることがわかるのだ。換言すれば、罪責感はもはや社会的紐帯を切断する否定的ナルシシズムの一形式ではなく、その紐帯そのものを分節化する要因として理解できる。それゆえクラインは、他者と私自身を保存するために罪責感が破壊衝動を動員するという重要なあり方——それは、ある生が他者の生なしでは思考できないことを前提とする行為である——を理解する方法を私たちに与えてくれる。クラインにとって、他者の生を破壊することなしにある生を破壊することが不可能であることは、《幻想》のレヴェルで機能する。発達上の説明は幼児と母親を前提とするが、いったん殺人の禁止が社会性の組織原理になれば、社会的紐帯のこの両価的形式はより一般的な形式を取る、と言うことができるだろうか。結局のところ、生存は常に部分的に耐え難い依存を通じて保証されるという原初的条件は、私たちが年を重ねても、まさしく私たちを見捨てることはない。実際、私たちが年を重ねると、そうした条件はしばしばより明らかになり、原初的条件を想起させる新たな形の依存状態——介護者がいれば介護者に伴われた住居的、制度的アレンジメント——に入るのである。

帰結主義的シナリオにおいて私たちが理解したのは、私たちそれぞれがいかにして次のように結論するか、という点である——私たちが反感あるいは感情的両価性を感じる相手を殺していくことは最良の利益ではない。というのもそのとき、私たちに反感を感じる他者たちは、恐らく同じように考えて、私たちの命あるいは別の人々の命を奪おうと決心するだろうから、と。それは私たちが、自分を人間として識別し、世界を居住可能なものとして構成する合理性そのものを危険に曝すことなく、そうした行為様態を支配する法則を普遍化することができないからだ。これらそれぞれの立場は様々な仕方で、他者たちを私たちの立場で想像し、私たち自身を他者たちの立場へと投影することで、私たちが自分の行動を複製あるいは再現するよう求め、そうした実験に照らして自分自身に提案する行動を考察、評価するよう求めるシナリオを練り上げる。しかしながらクラインにとって、私たちはそもそも、まったく熟慮なしに自分自身を他者に置き換える状況に、あるいは私たち自身を代理と考える状況にある。そして、それは大人の生の至る所に反響している。私はあなたを愛している、しかし、あなたは既に私であり、私の償えない過去、私の剝奪、私の破壊性という重荷を背負っている。また、私は疑いなくあなたにとって同様であり、あなたが決して受け取らなかったものに対する処罰の矢面に立っている。私たちは互いに既に、不可逆的過去の不完全な代理であり、私たちの誰も実際、償えないものを償おうとする欲望から逃れることはできない。しかしながら私たちはここで、願わくば一杯のワインを分け合いたいのだ。

フロイトは『文化の中の居心地悪さ』において、「私たちが背負わされる生は、私たちにとって余りに重い」と述べている[23]。これは、様々な形の麻酔状態（むろん芸術を含む）の必要を説明している。哀悼不可能な喪失、耐え難い依存、償えない剝奪という重荷を背負いながら、私たちは、私たちの「諸関係」と呼び得るものにおいて、償いの必要のシナリオを引き伸ばし、様々な形の贈与を通じて償おうとしているように思われる。それは恐らく、執拗に存在する力学であり、贈与と受容、保護と償いのような両極性が必ずしも明確ではないような力学であろう。誰が行為しているかは、誰が働きかけられているかから必ずしも分離することができない。恐らく、この種の道徳的かつ感覚的に豊かな両義性《アンビギュイティ》は、潜在的に共通の仕方で私たちを構成している。

もし私の持続的存在が他者に依存するとすれば、そのとき私はここにおり、私が依存する人から離れているが、極めて興味深いことに、またよそにもいる。私は両義的な仕方でここよそにいる──授乳しつつであれ、あるいは眠りつつであれ、触れられつつであれ、抱かれつつであれ。換言すれば、幼児の分離はある意味で事実だが、重要な意味で闘争、交渉──関係的束縛ではないとしても──である。子育てがどれほど良いものであろうと、そこには常に一定量の苦悩や、満足の欠如が存在する。というのも、その他者の身体は、あらゆる可能な瞬間にそこにいることはできないからだ。それゆえ、人が耐え難い仕方で依存する相手への憎悪は確実に、愛の諸関係の中に常に込み上げてくる破壊性が意味するものの一部なのである。

そのときこの点を、どのようにしてより一般的な原理へと翻訳できるだろうか──すなわち、何が殺人を防ぎ、何が他者の生を保存するよう導くのか、という問いに私たちを立ち戻らせる原理へと翻訳できるのだろうか。それはまさに今も、他者を破壊するとき、私たちはまた自分自身を破壊してもいる、ということであり得るのだろうか。もしそうだとすれば、私がそうであるようなこの「私」は絶えず両義的に差異化されてきただけであり、この「私」にとって差異化は不断の闘争であり問題であるからだ。クラインとヘーゲルはここで収束する。私はあなたに出会うが、私はそこで、あなたとして私自身に出会うのであり、それは私の破損において二重化されている。そして、私自身は単なる私ではなく、あなたの経験した歴史とは異なる歴史を探す、あなたから受け取る亡霊である。

それゆえ「私」は、依存が自己根絶を通じてのみ根絶され得るような世界に生きている。幼児の生のある不変の真理は、私たちの政治的な生を特徴付け続けると同時に、主権的自己充足の《幻想》を生み出す解離や偏向の諸形式を特徴付け続けている。[24]これはローズの示唆によれば、もし私たちが戦争に行くことを避けたいなら、勝利主義の諸形式を先取り的に回避する、あるいは阻止するような「嘲笑」や「失敗」の諸形式に「しがみつく」べきである一つの理由なのだ。[25]

「真の」共感は、私が自分自身をあなたからまったく区別されたものとして理解することを必要とする、と私たちは考えるかもしれない。しかし、私ではないものであろうとする私の能力――つまり、役割を演じたり、さらには他者の立場を演じて見せたりする能力――は、私の存在の一部であり、私があなたに共感することを可能にするものの一部でさえある。そして、これが意味するのは、同一化において私が部分的に、あなたにおいて私自身を超えて振る舞う、ということであり、あなたが私の方に課すものは私によって担われる、ということだ。それゆえ、私たちが互いの中に住まっているような仕方が存在するのだ。私は、私が愛し失ったすべてのものの沈殿物であるだけでなく、私をよく愛することに失敗したすべての人々の遺産でもあり、生存に関する耐え難い初期の苦悩から、また怒りの破壊的潜勢力に対する耐え難い罪責感（と不安）からうまく私を引き離したと私が想像する人々の遺産でもある。そして私は、あなたの生の条件を確保しようとし、あなたが逃れることのできない依存について感じるどんな怒りをも克服しようとする人になろうと努力する。実際、私たちは皆、多かれ少なかれ、社会的で心的な生そのものの条件から逃れることなしに私たちが逃れることのできない、依存に対する怒りと共に生きているのである。

しかし、もし私たちが個人的な生と、依存の親密な諸形式との中でこの依存を想像し得るとすれば、私たちは生物——私たちがそうであるような——としてそれなしでは生存できないような諸々の制度や経済に依存している、と理解することができないだろうか。さらに、戦争、政治、暴力、あるいは諸人口の病気や死への遺棄を考えるために、この視点はどのように機能し得るのだろうか。恐らく、殺人を禁止する道徳的教訓は、制度的で経済的な手段を通じて諸々の生を保護しようとし、内在的に哀悼可能な諸人口とそうでない諸人口とを区別することに失敗するような仕方でそうしようとする、政治的原理へと拡張されねばならない。

次章では、哀悼可能な生についての一貫した拡張的概念が、生政治の領域や戦争の論理における平等概念の改訂を約束することを示したい。問題は、私たちが与えた損害を償う（それはもちろん重要ではあるが）、あるいは、私たちが与えたと信じる損害を償う仕方を見つけることだけでなく、来るべき損害を予測し、それを未然に防ぐことなのである。そのためには、償いの予期的形式が動員されねばならず、そうした未知の未来のために既存の生を保護する能動的形式が動員されねばならない[26]。次のように言うことができるだろう。そうした開かれた未来がなければ、生は単に存在しているだけであり、生きてはいない、と。私の賭金は次の点に存する。私たちが時に暴力的に行為しない理由は単に、誰か他人が私たちに対して暴力的に行為するかもしれない、それゆえ、そうしたシナリオを実現することは私たちの最大の自己利益ではない、と計算することだけではない。その理由はむしろ、代名詞の世界の中で主体形成のための基盤をなす、対立する社会的諸条件の中に見出されるべきだ。すなわち、私がそうであるようなこの「私」は既に社会的であり、既に社会的世界——それは親密さの領域を超えており、執拗で、主として非人称的である——に結び付いている。私はまず最初に他者の心の中で、「あなた」あるいはジェンダー的代名詞として思考可能になるのであり、そうした《幻想》的観念化が私を社会的生物として誕生させる。あらゆる代名詞の出現に先立つ私の存在を構成する依存は、私が人々——その人々の私に関する定義が、私に形を与える——に依存するという事実を強調する。私の感謝は疑いなく、ある種の理解可能な怒りと結び付いている。しかしながら、倫理が出現するのはまさしくここにおいてである。というのも私は、それなしでは私自身が存在せず、私自身が完全には思考できないような、諸々の葛藤的紐帯を保存するよう義務付けられているからだ。それゆえ、葛藤を取り扱い、両価性を交渉するという問題は、怒りが暴力的諸形式を取ることを妨げるために最も重要なものとなる。

もしすべての生が平等に哀悼可能だと見なされるとすれば、そのとき、経済的で制度的な生の統治に関わる社会的平等の理解に新たな形の平等が導入されることになるが、そうした統治は、私たち自身が行い得る破壊との格闘を含意するだろう。これは、父権主義的権力の諸形式を強化することで可傷的なものを保護することとは異なるだろう。結局、そうした戦略は常に遅れて到来し、可傷性の差異的＝差別的生産の解決に取り組むことに失敗するのだ。しかし、もし生がそもそも哀悼可能なものと見なされ、潜在的に失われ得るものと見なされ、そうした喪失が哀悼されるとすれば、そのとき世界は、そうした喪失を未然に防ぎ、そうした生を危険と破壊から保護すべく組織される。

もし、あらゆる生がそうした平等主義的想像力を通じて把握されるなら、それはあらゆる政治的領域において、行為者たちの振る舞いをどのように変えるのだろうか。

攻撃対象とされた、遺棄された、あるいは有罪化された人々もまた哀悼可能である——つまり、彼らの喪失は問題であったし、また問題であろう、そして、彼らを保存し損ねることは、計り知れない後悔をもたらし、償いの義務を負う理由となるだろう——というメッセージを理解してもらうことは、周知のように困難である。そのとき私たちはどんな心的傾向《ディスポジション》によって後悔と悔恨の予期的力を確立し、私たちの現在と未来の行動は嘆きをもたらす未来を予防することができるのだろうか。ギリシア悲劇において嘆きは、怒りに続いて、常に遅れて到来するように見える。しかし時に、そこにはコロスが、すなわち、亢進する怒りを前にして集い詠唱する一群の無名の人々が存在するのであり、彼らは前もって嘆き、怒りの到来を悟るや否や哀悼を行うのである(27)。

訳註

(i)「黒衣の女性たち」とは、女性による世界規模の反戦団体。一九八八年にイスラエルで、パレスチナとの和平を求めて始まった。「黒衣」は戦争や暴力の犠牲者に対する哀悼を表している。以下を参照。womeninblack.org/

(ii)「五月広場の祖母たち」とは、一九七六—八三年のアルゼンチンの軍事政権下で行われた「汚い戦争」(左派活動家、学生、ジャーナリストなどの組織的弾圧のことで、約三万人が死亡、行方不明となった)によって誘拐された孫を探す、祖母たちの運動のこと。子供たちは逮捕された女性活動家の子供で、次世代の活動家を生み出さないよう、不法に軍人や体制協力者の家族の養子とされていた。

(iii)「アヨツィナパの四三人」とは、二〇一四年、メキシコシティーでの抗議活動に向かうためにバスで移動中だったアヨツィナパ師範学校の学生たちが、警察に止められ、その後行方不明になった事件のこと。犯罪組織、軍隊、警察が共謀して起こしたとも言われるが、真相は不明。

(iv) Sigmund Freud, »Zeitgemäßes über Krieg und Tod«, in *Gesammelte Werke*, vol. X, p. 331; "Thoughts for the Times on War and Death," in *Standard Edition*, vol. 14, p. 281. バトラーはここで『スタンダード・エディション』の訳文を引用していないが、該当箇所を記した。なお、邦訳『フロイト全集』14にはこの箇所は訳出されていない。

(v) Melanie Klein, "Love, Guilt, and Reparation," in Melanie Klein and Joan Riviere, *Love, Hate, and Reparation*, New York: Norton, 1964, pp. 66-67.［メラニー・クライン、「愛、罪そして償い」、奥村幸夫訳、『メラニー・クライン著作集』3、誠信書房、一九八三年、八二―八三頁］

(vi) Ibid., p. 67.［同書、八三頁］

(vii) ここでの「他者［the other］」は、後に「彼女［her］」で受けられているので、母親を指すと解釈する。

第三章　非暴力の倫理と政治

これまでの章で私は、精神分析を道徳哲学、社会理論と組み合わせようと試み、一部の倫理的、政治的議論は、誰が道徳的問いを提示し、誰について道徳的問いが提示されているかに関する暗黙の人口学的前提を作り出している、と示唆した。私たちは、誰の生が潜在的に哀悼可能と見なされるかについて何らかの仮定を行うことなしには、「誰の生が保護されるべきか」という問いを提示することすらできない。というのも、潜在的に哀悼可能と見なされない生は、保護される可能性が極めて小さいからだ。私が示唆してきたのは、合理的だと主張する道徳的熟慮の非批判的次元としていかなる《幻想》が機能し得るかを理解するためには、精神分析が役立つ、ということだ。ここで私たちは、ミシェル・フーコーとフランツ・ファノン、そして「人口《幻想》」と「人種的《幻想》」と呼び得るものに目を向けて、暴力と非暴力に関する国家の公的言説を構造化しているレイシズムの暗黙の、さらには無意識的な諸形式を理解してみたい。エティエンヌ・バリバールとヴァルター・ベンヤミンは、彼らを共に読めば、「暴力」の多様な意味を理解する方法を与えてくれるし、また、国家の暴力あるいはその他の統制的＝調整的権力［regulatory power］の暴力が、自分自身の正当性に反対するものを「暴力的」と名付け、この名付けの実践が、自分自身の暴力を促進すると同時に隠蔽する、という複雑なリズムを理解する方法を与えてくれる。

私は、非暴力に関する道徳的議論は二つの極めて重要な形式を取る、と示唆した。第一の形式は、他者を、あるいは複数の他者たちを殺さないことの根拠の問いをめぐるものであり、第二の形式は、私たちが他者あるいは他者たちの生を保護するためにどんな義務を持つのか、という問いをめぐるものである。私たちは、何が私たちに殺すことをやめさせるのか、と問うことができるが、また、生を保護すること――それが可能な場合――を積極的に求める道徳的あるいは政治的道筋を何が私たちに見出させるのか、と問うこともできる。私たちが個々の他者たちについて、特定の集団について、あるいはあらゆる可能的他者たちについてそうした問いを立てるかどうかは極めて重要である。というのも、諸個人と諸集団の性格について私たちが当然視していることは、また、私たちがこうした議論において援用する人間観――極めて頻繁に、誰を人間と見なすかをめぐる、《幻想》を含めた人口学的想定――は、どの生が保護に値し、どの生が保護に値しないか、また、何が私たちの有効な人間概念を定義し、制限しているかをめぐる私たちの見方を条件付けているからだ。語源的に考えれば、人口学とは、人々（demos）が記述される（graphos）あるいは表象される仕方に関する学問であり、時に統計と結び付けられることもあるが、それは諸人口《ポピュレーションズ》＝住民を言説的に明示する記述的《グラフィック》手段の一つにすぎない。私たちはどんな記述的手段によって、哀悼可能なものと哀悼不可能なものを区別するのだろうか。

哀悼可能な生——計算不可能な価値の平等

私は次のように示唆してきた。暴力的潜勢力はすべての相互依存関係の特徴として現れるのであり、相互依存を構成的特徴と見なす社会的紐帯の概念は、常に両価性《アンビヴァレンス》の形式を考慮した概念であって、フロイトはそれを、愛と憎悪の葛藤から生じるものと理解している。私が示唆したいのは、生の哀悼可能性の不平等な分配を認識することは、平等と暴力に関する私たちの議論を変容させ得るし、また変容させねばならない、ということだ。実際、非暴力の政治的擁護は、平等への関与の外では意味をなさない。

もしある人口が哀悼可能であるとすれば、また哀悼可能であるとき、彼らはその生が失われればその死が哀悼されるような生きた人口として承認され得る。それが意味するのは、そうした喪失は容認されないし、間違ってさえいる——ショックと怒りの機会となる——、ということだ。他方で、哀悼可能性とは、ある集団あるいは共同体によって、あるいはある言説の観点内で、あるいはある政策もしくは制度の観点内で、ある人間集団（恐らくはある人口）に付与される特徴である。こうした付与は、多くの様々な媒介《メディア》を通じて、また多様な力によって生起し得るのであり、それが生起に失敗することもあり得るし、あるいは、文脈に依拠して、またその文脈が変化する仕方に依拠して、断続的かつ一貫しない仕方でのみ生起することもあり得る。それに対して、私の主張の要点は、次のようなものだ。人々が哀悼され得るのは、あるいは哀悼可能性という属性を担い得るのは、喪失が承認され得る限りにおいてのみであり、喪失が承認され得るのは、そうした承認の諸条件が言語、媒介《メディア》、ある種の文化的で相互主観的な場の内部に確立される場合のみである。あるいはむしろ、それが承認され得るのは、文化的諸力がそうした承認を否定すべく働いているときでさえあるが、それは抗議の形式を必要とする。その抗議とは、否認の義務的でメランコリー的な規範を粉々に破壊し得るような抗議であり、哀悼可能なものの限界を明らかにし、承認と抵抗の新たな諸関係を確立しようとする、公的哀悼の行為遂行的《パフォーマティヴ》な次元を作動させるような抗議である。これは、現れの公共空間へと参入し、空間と時間の新たな布置《コンステレーション》を創始するような、戦闘的哀悼の一形式である。(1)

私たちは、人間主義《ヒューマニズム》的枠組みを採用し、人種、宗教、出自にかかわらず全員が哀悼可能な生を持つと主張して、そうした基本的平等の受容のために闘うことを好むかもしれない。私たちは、これは記述的な主張であり、すべての現存する生が平等に哀悼可能だと主張することを望むかもしれない。しかし、もしこれが私たちの記述の完全な範囲だと考えるなら、根本的不平等に満ち溢れた現在の現実をひどく誤って表象することになる。従って、私たちは恐らく、率直に言って規範的な振る舞いをしなければならないのだろう。すなわち、こうした主張に代えて、すべての生が哀悼可能であるべきだと主張し、理論と記述が機能すべき場としてのユートピア的地平を提示しなければならないのだ。もし私たちが、すべての生は本質的に哀悼可能であり、全員にとって生来のあるいはアプリオリな価値を持つと主張するなら、そうした記述的主張は既にその中に――すべての生は哀悼可能であるべきだといった――規範的主張を含んでおり、それゆえ、なぜ記述的主張に規範的作業を行うよう求めるのか、という問いを含んでいる。結局のところ私たちは、現状とあるべき姿との間に根本的なずれがあることを指摘しなければならない。それゆえ、少なくともこうした議論の際に、両者を混同しないようにしよう。というのも、現在の諸関係の中で理論を立てるとき、より適切な記述的主張は確実に、すべての生は平等に哀悼可能である、というものではないからだ。従って、現状からあるべき姿へと移動しよう、あるいは少なくとも、私たちの仕事にとってのユートピア的地平を措定するそうした移動を開始しよう(2)。

さらに、平等に哀悼可能でない生について語る際に、人は平等な哀悼可能性という概念を措定する。この定式化には、幾つかの批判的問題を提起する少なくとも二つの含意がある。第一の含意は、人がどの程度本当に哀悼されているかを測定する、あるいは計算する方法は存在するのかを問わねばならない、ということだ。ある人口はより哀悼可能で、他の人口はより哀悼可能ではない、ということをどのように立証するのだろうか。また、哀悼可能性の度合いは存在するのだろうか。もちろん、この種の答えを与えてくれるような計算を確立することは、完全に逆効果というわけではないにせよ、大いに憂慮すべきことだろう。従って、ある人々は他の人々より哀悼可能である——すなわち、ある人々は他の人々より、ある枠組みの内部で、ある環境下で、危険、貧困、死から保護されている——というこの主張を理解する唯一の方法は、まさしく、生の計算不可能な価値が、ある環境では認められ、他の環境では認められていない、と(デリダと共に)述べることであり、あるいは、同じ環境(もし私たちが環境の特性《パラメーター》を同定し得るなら)の中で、ある人々は計算不可能な価値を担うものとして承認され、別の人々は計算の対象となる、と述べることである。計算の対象となることは、既に哀悼不可能なもののグレーゾーンに入ったということなのだ。すべての生が平等に哀悼可能なものとしては扱われていない、という定式化の第二の含意は、平等主義的諸基準に従う社会的属性として哀悼可能性を考慮するためには、平等に関する私たちの考えを改訂しなければならない、ということだ。換言すれば私たちは、まだ平等な哀悼可能性、あるいは哀悼可能性の平等な配分について語っていないなら、まだ平等について語ってはいないのである。哀悼可能性とは平等の規定的特徴である。哀悼可能性が想定されていない人々は、不平等――不平等な価値――に苦しむ人々なのだ。

人種の戦争論理をめぐるフーコーとファノン

第二章で述べたように、生は哀悼不可能だと述べるとき、私たちは単に既に終わった生について語っているのではない。実際、世界の中で哀悼可能な生として生きることは、人の死が哀悼されるだろうと知ることだ。しかしまた、それは、人の生がその価値ゆえに保護されると知ることでもある。諸々の生の不平等な哀悼可能性をこうした仕方で評価することは生政治の一部であり、それが意味するのは、私たちがこうした形の不平等を主権的意思決定過程へと結び付けることは必ずしも容易ではない、ということだ。フーコーは、一九七六年講義『社会を防衛しなければならない』の最終章で、一九世紀における生政治的領域の出現について詳細に論じている。そこで私たちは、「生政治的なもの」が、生物としての人間に対する権力の作用を記述していることを理解する。主権権力とは異なり、生政治あるいは生権力は、ヨーロッパ独特の形成体であるように思われる。それは、生と死を管理する様々なテクノロジーと方法を通じて作用する。フーコーにとってこれは、人間の生物としての資格を通じて人間に行使される限りにおいて、独特な種類の権力である――彼は時に、その生物の資格を「生物学的」資格と呼んでいるが、彼は、自分がどのヴァージョンの生物学を念頭に置いているのかを私たちに語ることはない。フーコーは生政治的なものを、異なった諸人口を「生きさせる」あるいは「死ぬに任せる」調整的権力［regulatory power］――それは「死なせる」あるいは「生きるに任せる」主権権力から区別される――として記述する。[3]

フーコーの仕事によく見られるように、権力は作用するが、主権的中心からではない。むしろ、ポスト主権的文脈で、生物としての諸人口を管理し、彼らの生を管理し、彼らを生かすあるいは死ぬに任せるべく機能する権力の多様な行為能力《エイジェンシー》が存在するのである。この生権力の形式は、諸人口の相対的な生の潜勢力を規定することで、とりわけ生の生存可能性そのものを調整する。この種の権力は、死亡率や出生率で記述されるが、それらは生政治に属するレイシズムの諸形式を示している。[4] それはまた、ある種の生あるいは生体組織（胎児）を他の人々（ティーンエイジャー、あるいは大人の女性）に対してしばしば特権化する、出産奨励主義や「中絶反対《プロ・ライフ》」の立場の形でも現れる。従って、「中絶反対《プロ・ライフ》」の立場は不平等に関与しており、そうした仕方で女性の社会的不平等と生の差異的＝差別的哀悼可能性を維持し、強化しているのだ。

私たちの目的にとって重要なのは、生へのアプリオリな権利は存在しない――すなわち、生への権利は、行使されるためにはまず確立されねばならない――というフーコーの主張である。例えば、政治的主権の諸条件の下で、生への権利は――そしてさらには、自分自身の死に対する権利は――、権利を保有する主体として既に構成された人々にとってのみ存在するようになる。しかしながら、生政治の条件下で、生への「権利」はさらに両義的《アンビギュアス》である。というのも、権力は個々の諸主体よりもむしろ諸人口を管理するからだ。その上、生政治的なものの生と死の問題に対する関係は、彼が「戦争の諸関係」と呼ぶものとは異なっている。戦争の論理は次の格言に従う。「お前が生きたいのなら、死なせなければならないし、殺すことができなければならない」[5]。彼は戦争に関するこの格言を、少なくとも二度にわたって定式化し直し、後にそれは、「お前が生きたいのなら、他者が死ななければならない」として現れる。最初のヴァージョンでは、あなた自身が殺す準備をしなければならず、殺すことはあなた自身の生を保存する手段である。第二のヴァージョンでは、生きるためには他者が死ななければならないが、あなた自身が他者を死なせる者である必要はない。これは、行動に対して誰も責任を引き受けることなく生を遺棄し得る、あるいは生を「死ぬに任せる」ような別のテクノロジーや方法に道を開くものだ[6]。

人種が戦争を始める方法は、あるいはさらに、国家レイシズムが生政治的論理を通じて機能するような戦争を始める方法は、こうした見方で理解することがより困難である。フーコーは、生政治的なものを戦争状態という概念から区別したが、それは生権力が死に対する異なった関係を持つと主張する点においてである。彼は、生権力において、「死は突然襲いかかるのではなく[i]」、生と死は別種の管理と制度の論理を通じて調整される、と述べている。しかしながら、突然襲いかかる死の日々は、正確には終わったわけではない——たとえ、フーコーが時として、別種の権力を前景化させるために、そうした日々が終わったかのように述べるとしても。彼にとって、権力と暴力は今やより間接的であり、よりスペクタクル的でなく、より国家の暴力によって編成《オーケストレート》されていない。しかし、主権権力を生政治的なものから区別することは容易ではないし――その点について彼は、以後の講義で論じている――、私たちは、あるシークエンスが明確に別のシークエンスに続くような整理された歴史的シークエンスを確立するあらゆる努力を、疑わしいものと見なす必要がある。これが当てはまるのはとりわけ、そのシークエンスが近代ヨーロッパ史の進歩主義ヴァージョン――ところでそれは、過去二世紀にわたって経験され遂行されたヨーロッパの諸々の戦争を考慮していない――に依拠する場合である。

ある生がまったく生きていないと見なされるとすれば、何が起きるのだろうか。つまり、ある生が生として登録されていないとすれば、そのとき何が起きるのだろうか。フーコーが、生への権利は権利を保有する主体として既に構成された主体にのみ属すと極めて明確に主張できたとすれば、そのとき私たちはまた、生物の資格はまず、ある者が生への権利を持った主体になるために構成されるはずだ、と主張できるのではないだろうか。もしレイシズムが、彼が主張するように「権力が引き受けた生の領域に切断線を入れる」仕方であるとすれば、そのとき恐らく、私たちはその切断線を、単に種の観念内部で優等なものと劣等なものを区別するだけなく、生者と非生者を区別するものだと考えることもできる。(7) 結局のところ、もし非生者の人口が破壊されるとすれば、そのとき注目すべきことは何も起こっていない。つまり、破壊は存在しないのであり、生者の通り道から何らかの奇妙な障害物が片付けられただけなのだ。

フーコーは、政治理論の領域からの批判者が、生に関する彼の説明に問いを投げかけることを予期している。彼はこの議論から逃げるのだが、恐らくはこの論争によって、契約、主権、生政治的なものに先立つ生気論《ヴァイタリズム》あるいは生の基礎付け主義的説明に関与させられることを恐れてのことだろう(8)。「こういったことは政治哲学の議論であり、この議論を傍に置いておくことはできますが、これはどのようにして、政治思想の領域、政治権力の分析の領域で、生の問題が問題化していくかをよく表しています(9)」。この問題を傍に置くことは必ずしもできないが、それは、権力の領域に先立つような生の形についての想定が存在するからではない。私の考えではむしろ、権力とは既に、恒常的に有益な生と有益でない生を区別するだけでなく、より断固として生として登録される生とそうでない生を区別するような、レイシズムの図式を通じて機能しているのである。生は、生をそれとして提示する図式の内部でのみ生として登録され得る。ある人口の生の特徴の認識論的無化あるいは予めの排除《フォアクロージャー》——大量虐殺《ジェノサイド》的認識論の定義そのもの——は、生者の領域を、誰の生が保護に値し、誰の生が重要で、誰の生が哀悼可能なのか、という問いにとって具体的な含意を持つ連続体に沿って構造化するのである。

問いを投げかけることとは、そもそもこの特定の「歴史的‐人種的図式」に立ち向かうことである。「歴史的‐人種的図式」とは、フランツ・ファノンが『黒い皮膚・白い仮面』において重要な仕方で用いた用語だが、この図式は、知覚と投影の一形式として、すなわち、黒い身体を包み、その社会的否認を編成《オーケストレート》する解釈枠組みとして機能する。実際、ファノンは歴史的‐人種的図式と「人種的‐皮膚的図式」（それはある本質を黒人の生へと固定する）を区別しているが、まさしく前者は、フランスの現象学者モーリス・メルロ＝ポンティの「身体図式」という概念に、また、哀悼可能性に関わるレイシズムの図式に直接関係を持っていると思われる。メルロ＝ポンティにとって身体図式とは、世界との暗黙かつ構造化的な身体的諸関係の組織化のことであるが、それはまた、世界によって有効にされた諸関係内部で自分自身を構成する操作のことでもある。ファノンによれば、歴史的‐人種的図式はより深いレヴェルに見出されるべきであり、それは、メルロ＝ポンティが提起した理想化された身体図式を崩壊させる。(10) 歴史的‐人種的図式の諸要素は、ファノンが「白人」と呼ぶもの――世界に関する黒人の身体経験を「確実な不確実性」へと投げ込む、レイシズム諸権力の一形象――によって提供される。他方で、「三人称での認識」が「一人称での認識」に入り込み、それによって人の知覚様態そのものが他者の認識によって引き裂かれるのである。私が見ているとき、誰が見ているのだろうか。また、私が自分を見るとき、私は他者の目を通じてのみ見るのだろうか。他方で身体図式は、自分自身を構成する方法を、世界の諸要素から記述する。ファノンはこの野心的な「図式」を、「空間的、時間的世界の中での身体としての私の自我のゆっくりとした構築」と記述する。彼が「白人」と呼ぶところの強力な形象は、「無数のディテール、逸話、物語で私を織り上げた」者である。(11) 従って、彼は執筆にあたって、自分は三人称で書かれた、あるいは織り上げられたと語り直す。そのとき私たちは、ページ上に自己構成のゆっくりとした闘争を見るのであり、続いてその闘争は、レイシズムの働きを通じた身体図式の解体をもたらすのである。まさしく世界の中での自分自身の身体経験のレヴェルにおいて、その図式は粉々に崩壊し、収奪され、住まわれ、占拠され、分解されるのだ。

もちろんファノンは、この図式概念を分節化するために、一人称と三人称――すなわち、黒人と白人のような形象――を用いている。しかし、歴史的－人種的図式は、これらの形象より広範で拡散している。実際、こうした図式は生者と、諸人口の身体化された生に関係しており、反黒人レイシズムと生権力に関するフーコーの考察への批判的補遺をなしている。こうした歴史的－人種的図式は、国際保健、飢餓、難民、移民、文化、占領、その他の植民地的実践、警察暴力、投獄、死刑、断続的爆撃と破壊、戦争、大量虐殺に関する政策に先立ち、それらの政策に影響を与えているのだ。フーコーは、この講義の最後で「国家レイシズム」を、諸人口の生と死の調整のための中心的道具の一つとして同定しているにもかかわらず、様々な生にとっての相対的価値を確立するためにレイシズムがいかに機能するかを正確に語ることはない。もちろん、ある諸人口が主権の諸様態によって標的にされること、生権力によって調整《オーケストレート》された「死ぬに任せること」が存在することは明確に意識されているが、生と死が問題となり、問題となり損ねる差異的＝差別的仕方を私たちはどのように説明すればよいのだろうか。もし私たちが人種化を、どの生が問題でありどの生が問題でないのかをめぐる知覚そのものにおいて人種的図式が物質化するような過程と理解するなら(12)、そのとき、続けて次のように問うことができる。知覚のそうした差異化＝差別化された諸様態は、標的とされた諸人口や投獄された人々に関する軍事的、政策的議論にどのように入り込んでいくのだろうか。また、それら諸様態はどのような仕方で、暴力と非暴力に関する私たち自身の議論の中で、無批判に受け容れられた一連の前提――人種的図式――として機能するのだろうか。

フーコーは『社会を防衛しなければならない』の最後で、不安定《プレカリアス》な、あるいは遺棄された諸人口はいまだ権利主体として構成されていない、という展望を開くと同時に、彼らがどのような人々であるか――すなわち、彼らが政治的領域の内部でどのように構成されているか――を理解するためには主体様態のオルタナティヴが必要である、という展望を開いている。これは国家レイシズムについて、そして、個人としても集団的主体としても記述され得ない人口から現れるような行為能力《エイジェンシー》と抵抗の諸様態について考える方向性を開いてくれる。しかし残念ながら、そうした方向性は最終的に、フーコーが取る道とはならない[13]。

恐らく、そうした放棄されたプロジェクトはまだ復活することができるだろう。もしフーコーが論じたように、主権権力の下で主体は、権利を保有する主体として構成されるという条件でのみ生への権利を持つのだとすれば、そのとき、生権力の条件下で人口は、潜在的に哀悼可能なものとして登録されるという条件で生への権利を持つのである。これは私のテーゼであり、私はファノンを次のような問いへと関係付けることでフーコーを補う方法を選択する。その問いとは、いかにして人種的図式が、生者とは何かに関する、人種的《幻想》に関する人種的形象化に入り込むのか、というものだ。そのとき人種的《幻想》は、誰が哀悼可能で、誰がそうでないのか、どの生が保護されるべきであり、どの生が抹消され得る、あるいは死ぬに任せられ得るのかをめぐる人口学的評価を形成する。もちろん、そこには哀悼可能性の広大な連続体が存在するし、諸人口はある文脈では哀悼され得るが、別の文脈では注目されないままであり得る。そして、ある様態の哀悼は承認され得るが、他の様態は退けられるか、承認されない。そしてさらに、生の価値を割り当てる支配的図式は、哀悼可能性の調整に、そうした基準がそもそも指定されるか否かに依拠している。

「これが生だ、あるいは生だった」、あるいは「これらが生だ、あるいは生だった」と主張することを可能にする歴史‐人種的図式は、生を尊重する不可欠な諸様態――生の記憶、保護、承認、保存――の可能性と密接に結びついている（「これは生きるに値する、保存するに値する生だ」、「これらは生きるための条件を与えられるべき生であり、生として登録され承認されるべき生だ」）。レイシズムの《幻像《ファンタスマゴリア》》は、その人種的図式の一部なのである。[14] 私たちはそれが、その生が危機に瀕している人物の、生への要求を否定する熟慮的過程に入り込む、生動するイメージの中に結晶化した思考シークエンスとしてどのように機能するか――すなわち、レイシズムの《幻像《ファンタスマゴリア》》が哀悼可能性の基準の中でどのように機能するか――を理解することができる。レイシズムの《幻像《ファンタスマゴリア》》は例えば、二〇一四年の合州国で、エリック・ガーナーのような人物が、警察によってチョークホールド［背後から腕で首を絞めること］を加えられ、息ができないと可聴的に告げ、息ができないことが可視的に見られ得る、[ii] というシークエンスにおいて機能しており、それは、彼が警察によるそうしたチョークホールドの延長を生き延びることができないだろう――チョークホールドは、息ができないと告げた後に強まり、首絞め、絞殺、殺人となった――とその場面にいた全員に登録される。死に至るまでホールドを強める警察官は、死につつある人物が今まさに攻撃していると、あるいは自分の生が危険に曝されていると想像しているのだろうか。あるいは単に、この生は、生と見なされないがゆえに、決して生ではなかったがゆえに、人種的図式に属する生の規範に適合しないがゆえに、従って、哀悼可能な生として、保存するに値する生として登録されないがゆえに、絶たれることが可能だった、ということだろうか。あるいは、二〇一五年のサウスカロライナ州で、ウォルター・スコット[iii]は、警察官に背を向けて、銃を持たず、明らかに怯えて、彼らとは反対の方向に走っているときに、どのようにして《幻像《ファンタスマゴリア》》によって向きを変え、殺害すべき脅威をもたらす形象にされるのだろうか。恐らくここには、人種－戦争の論理に属する決定あるいは行動の瞬間が存在するだろう。すなわち警察官は、他者の生ではなく自分自身の生が危険に曝されていると信じたのだ。そして恐らく、これは単に、生政治装置の暴力的瞬間、その生を死へと処理する仕方にすぎないのだろう。この場合、黒人男性は単にそこにいて、殺害される可傷性を持ち、従って、彼が獲物で警察官がハンターであるように殺されるのである。あるいは、ジョージ・ジーママン――その後無罪とされた――によって殺害されたトレイヴォン・マーティン(iv)のことを、あるいは、同じ地方で、性的暴行から身を守ろうとして二〇年の懲役を宣告されたマリッサ・アレクサンダー(v)のことを考えてほしい。

従って、徴し付けられていない黒人男性あるいは女性、クィアやトランスジェンダーの人々が、警察官に背を向け、歩いている、あるいは逃げているとき、そして彼らがそれにもかかわらず警察官に射殺されるとき――そしてその行動はしばしば、後に正当防衛として、さらには社会防衛として擁護される――、私たちはこれをどのように理解すべきなのだろうか。このように方向を転換すること、あるいは立ち去ること、逃げ去ることは、実際、警察官が先取りする攻撃的前進なのだろうか。射撃しようと決める警察官、あるいは単に自分が射撃していることを見出す警察官は、熟慮しているかもしれないし、熟慮していないかもしれない。しかし確実だと思われるのは、ある《幻想》がそうした思考過程を捉えており、彼が見る諸々の形象と運動を逆転させ、彼が取るかもしれない致死的行動を予め正当化している、ということだ。警察官が行おうとしている暴力、彼がそのときに振るう暴力は、ある形象、ある人種化された亡霊の形で既に彼の方に移動しており、彼自身の攻撃性を凝縮、逆転させ、彼自身の彼自身に対する攻撃性を行使して、彼自身の行為計画に先駆けて行為し、あたかも夢の中でのように、正当防衛という彼の後の主張を正当化し、練り上げているのである。

もちろん、この暴力の枠組みを拡張して、人種とジェンダーを共に標的とする暴力諸形式を包含しなければならないし、また、とりわけ黒人女性に対する暴力が時に、様々な場面で、様々な出来事のシークエンスで、様々な帰結を伴って生起していることを明らかにしなければならない。二〇一五年七月に、キンバリー・ウィリアムズ・クレンショーとアンドレア・リッチー率いる交差性・社会政策研究センターが刊行したレポート「彼女の名前を言う――黒人女性に対する警察暴力に抗して」は、黒人に対する警察暴力を例証するメディアのほぼすべての主要な例が黒人男性に関係していることを明らかにし、反黒人レイシズムと警察暴力を理解するための支配的枠組みは、限定的なジェンダー枠組みの内部で機能していることを証明している。[15] クレンショーはそのレポートとは独立して、「人種的正義へのジェンダー包摂的アプローチ」を要求しつつ、黒人女性が過剰に警戒され、過少に保護されている仕方に注目すると同時に、彼女たちの傷害や死が、警察暴力への対抗に明確に焦点を絞った社会運動の内部でさえ、完全には記録あるいは登録されていないことに注目した。[16]

そうした問題を可視化するために私たちは、黒人女性が、街頭においてであれ、自宅においてであれ、勾留中であれ、警察官と遭遇する際に死に直面する様々な仕方を説明しなければならなかっただろう。交通違反で止められ、最終的に銃撃された女性たちが存在する。二〇一四年のサクラメントにおけるガブリエラ・ネヴァレス、[vi]二〇一二年のブルックリンにおけるシャンテル・デイヴィス、[vii]二〇一二年のオハイオにおけるマリッサ・ウィリアムズ、[viii]あるいは一九九九年のシカゴにおけるラターニャ・ハガティである。[ix]そしてもちろん、二〇一五年七月にサンドラ・ブランド[x]は、車線変更に際してシグナルを出さなかったため道路脇に停止させられ、暴行罪で告発され、テキサス州ウォーラー郡の監獄に収容されて、最終的に、三日後に独房の中で死亡しているのが発見された。それが自殺だったのか殺人だったのかは不明なままだ。注目すべきなのはまた、家庭内の争いに介入するよう警察が呼ばれる際に殺される、黒人女性の数である――警察はしばしば、女性たちは攻撃的であった、あるいはナイフを持っていた、と主張する。それは本当の場合も本当でない場合もあるだろう。しかし、幾つかの事例においては、警察官が命令に従わせることに失敗した結果、彼女たちは射撃されているのだ。生を奪うのは、必ずしも直接的な殺人だけではない。シェネク・プロクターは、喘息のため医師を呼んでほしいという要求を無視され、アラバマ州ベッセマーの独房で死んだ。[xi]黒人女性は過剰に警戒され、しばしば攻撃的、危険、制御不能である、あるいは麻薬の運び屋であると形象化される。また、黒人女性は過少に保護され、彼女たち自身が助けを求めてもしばしば顧みられず、あるいは無視される。彼女たちの医学的、精神医学的治療の要求もまたそうなのだ。

現代ヨーロッパのレイシズムは恐らく異なった形式を取るかもしれないが、ヨーロッパへの移民を阻止しようとする努力はある程度、ヨーロッパを白人社会に保ち、純粋だと想像される国民性《ナショナリティ》を保護しようとする欲望に根を持っている。ヨーロッパが完全に白人社会であったことは一度もない、という点はほとんど重要ではない。というのも、ヨーロッパの白人性という観念は、北アフリカ、トルコ、中東からの人々を含む住民を犠牲にして実現が目論まれる幻想だからだ。もし私たちが生権力に関するフーコーに従い、彼を死政治《ネクロポリティクス》に関するアシル・ムベンベと共に読むなら、(17)そのとき、哀悼可能性に関するこの基準を再生産する諸々の政策を分析的に検討することができる。地中海で命を落とした数千の移民たちはまさしく、保護に値すると見なされない生なのである。これらの水域は、貿易と海上安全のために監視されており、しばしば携帯電話の通話範囲でもある。だとすれば、これらの人々が死ぬに任されるために、いかに多くの国々が責任を否認しなければならないだろうか。たとえ私たちが、遭難したボートに助けを送らないという決定を追跡できるとしても、諸人口を実質的に死ぬに任せるような、彼らを入国するに任せるよりは彼らを死ぬに任せるような大規模政策を完全には把握していないかもしれない。他方で、これらは決定であり、私たちはこうした決定に誰が責任を負っているのかを追跡することができる。他方で、哀悼可能性の基準は、移民の諸人口はそもそも哀悼可能ではない、という仕方でこれらの決定へと組み込まれている。私たちは、哀悼され得ない人々を失うことはできない。彼らは喪失を超えたもの、既に失われたもの、決して生きたことのないもの、決して生きる資格を与えられたことのないものとして扱われているのだ。

生を奪う、あるいは生を死ぬに任せるこれら諸形式のすべては、哀悼可能性の基準がいかに作動するかをめぐる単なる具体例ではない。それらは、諸々の生の哀悼可能性と価値を決定し分配する権力を行使する。それらは基準そのものの具体的作用、そのテクノロジー、その適用点なのである。そして、これらの例において私たちは、歴史的‐人種的図式の生政治的論理と、社会的紐帯を断つ《幻像《ファンタスマゴリア》》的逆転との収束を見ることになる。すなわち、孤立した暴力行為、あるいは個人的な精神病理の表現と見えるかもしれないものは、暴力の反覆的実践の一つのパターン、一つの規則的瞬間の一部であることが示されるのだ。そうした実践は、攻撃性がその《幻像《ファンタスマゴリア》》的逆転に依拠する論理によって正当化されるような人種的図式に依拠し、それを強化する。そうした実践は、潜在的防御としてのみならず、殺人の事実上の道徳化として機能する――それはすなわち、哀悼可能性の知覚領域の内部に登録され損なった移民の生の資格が、その中で既に消滅させられているような人種的図式である。というのも、そうした生はそもそも最初から保護するに値せず、生として登録されていなかったからだ。

法の暴力――ベンヤミン、カヴァー、バリバール

私たちは、より強くより正しい法意識がこれらの例に基づいて生み出されるべきだ、と結論するかもしれない。しかし、紛争は暴力によってではなく法によって解決されるべきだという考えは、法はそれ自体暴力を行使せず、犯罪の暴力を二重化することはない、という前提を持っている。私たちは、法律外の暴力的紛争から法の支配へと移行すれば暴力は乗り越えられる、という考えを受

け容れる準備はできていない。周知のように、こうした見方をすぐさま割引くような諸々のファシズム的、レイシズム的法体制が存在する。というのも、それらは自らに固有の法の支配——法律外の根拠に基づいて、私たちが「不正な」と呼ぶような——を持っているからだ。これらは悪い法の例である、あるいは、これらの体制は実際には法を提示しているのではなく、法があるべき姿を規定している、と言うこともできるだろう。しかし、こうした道筋は、法の法的に拘束的な性格が強制を必要とし、実施するかどうか、あるいは、強制が暴力と区別可能かどうかを述べていない。もしそれが法でないとすれば、そのとき、法律外の紛争領域から法的領域への移行は、ある種の暴力から別種の暴力への移行である。

法が自由に基づいた市民的諸関係を設立するという考えに対して、それに抗して、ヴァルター・ベンヤミンは明確に、法体制の中心にある強制を暴力（Gewalt）として——単にその処罰権力、監獄権力においてのみならず、法そのものを作り押し付けることそのものにおいても——同定している。意外とは言えないが、彼の試論「暴力批判論」はしばしば神的力の形象をもって終わると見なされ、純粋に破壊的なアナーキズムであると理解されている。しかしながら、そのテクストは、伝統的自然法と実定法に関する考察によって始まり、両者の諸限界を示している。冒頭で、彼が着手する批判は「哲学的 - 歴史的」批判と表現されているが[xii]、それが意味するのは、ある種の正当化の諸様態がいかにして法的推論とその権力の一部になったかを彼が理解しようとしている、ということだ。彼がとりわけ焦点を絞るのは、暴力は、彼の検討する法的伝統の観点内で議論される際に、ほぼ常に「手段」と見なされる、ということである。自然法の理論家は、既に決定された正義の観念に依拠して、暴力は「正当な目的」に奉仕するのかと問うだろう。実定主義者は、目的を法体系自体の諸関係の外部で正当化することはできない、なぜなら法は正義に関する私たちの観念を与えるものだから、と主張するだろう。いずれの場合も、暴力はまず、何が暴力を正当化するのか、あるいはどんな目的の観点から暴力は正当化されるのか、という問いを通じてアプローチされている。この問いは、暴力はそれを研究する正当化図式の外部で理解できるのか、という問いを開かれたままにしている。そうした研究は対象を前もって形象化しているが、そのとき私たちは、いかにしてこの図式から離れて暴力を理解できるだろうか。また、この図式が法体系と法体制の暴力を、いかなる対抗暴力（それは正当化されないだろう）からも区別されたものとして正当化するとすれば、そのとき私たちは、どの程度まで、より大きな事態——そこで国家と法的権力は、自分自身の暴力を正当な強制として正当化し、あらゆる形式の対抗暴力を容認不可能な暴力と見なす——を把握するためにこれら正当化の諸様態を無視しなければならないのだろうか。

実際ベンヤミンは、この試論の中で、相互に関係した暴力の三形式を提示している。彼は、「法措定的」（rechtsetzend）暴力と「法維持的」（rechtserhaltend）暴力を区別し、後に「神的暴力」（göttliche Gewalt）を導入する。一般的に言えば、法維持的暴力は司法によって、さらには警察によって行使されるものであり、それは、自らが統治する人口に対して拘束力を持つような、既存の法を行使し適用するための反復され制度化された活動を表現している。法措定的暴力は、新たな法——例えば、政体が存在するに至る際に制定される法——を作ることである。ベンヤミンにとって、自然状態の中のいかなる熟慮も、法を作り出すことはない。法は、権力の報復あるいは行使を通じて存在するようになる。実際、法を作ることは、軍あるいは警察によって——両者が、手に負えない、あるいは脅威だと見なされた人口を統御するための強制的行動を開始するために——行使される特権である。彼の考えでは、法を措定する行為、法を存在させる行為は、「運命」の働きである。このように制定された法は、先行する法によっても、合理的正当化あるいは一連の合理的目的への依拠によっても正当化されることはない。むしろ法の正当化は、常に法そのものの後になされる。そのとき法は、既存の慣習あるいは規範を時間をかけて有機的に形成することも成文化することもない。むしろ、法の制定とは、正当化可能な行動に対する正当化の手続きと熟慮が生起するための諸条件を、最初に作り出すことである。換言すれば、法とは、暴力が所与の目的達成のための正当化された手段であるか否かを、また、所与の力が「暴力的」と呼ばれるべきか否かを私たちが考えるための、暗黙のあるいは明示的な枠組みなのである。法体制はまた、いったんそれが創設されると、正当化図式と名付けの実践を設立する。実際、それがなされるのは法令を通じてであり、これは、法を基礎付ける暴力によって意図されたものの一部である。実際、法措定的暴力の暴力はそこで、それを開始する「これが法となるだろう」あるいは「これが今や法である」という拘束的命令の中に存在する。法体制の連続性は、法の拘束的性格の反覆［reiteration］を必要とする。そして、警察権力あるいは軍事権力が法を行使する限りで、その権力は基礎付け的動作（「これが法となるだろう」）を反復するだけでなく、法を維持しもする。ベンヤミンは法措定的暴力《ゲヴァルト》と法維持的暴力《ゲヴァルト》を別個のものとして記述しているが、警察はそれら両者の形式を操作するのであり、それが含意するのは、法は繰り返し拘束的なものとして行使されることでのみ「維持される」ということだ。それゆえ法は、法を行使し維持するために、警察あるいは軍隊に依拠するのである。

ベンヤミンが法におけるこうした暴力の作用を記述しようとする限りにおいて、彼は法的暴力に対する批判的立場を確立しようとしている。多くの読者が、この試論の最後で彼が「神的暴力」を援用する部分へとまっすぐ進むのだが、その部分はほとんど誤読されており、そのように最も扇動的な部分へとすばやく進むやりかたは、非暴力の可能性を切り開くこのテクストの一節を見落とす傾向がある。実際、ベンヤミンがこのテクストにおいて「非暴力」を明示的に名指す唯一の部分は、彼が「紛争の非暴力的解決」と呼ぶものに関係しており、それは「市民的統治の技術」という形を取る。[xiii] 重要なのは、この技術はある目的を達成するために設計された手段ではない、ということだ。非暴力は、ある目的のための手段ではないし、それ自体が目的でもない。それはむしろ、道具的論理と、あらゆる進歩の目的論的図式の両者を超えた技術である——それは、統治されない技術であり、ほぼ間違いなく統治不可能な技術なのだ。それは進行中の、開かれたものであり、それゆえ彼が「純粋な手段」[xiv]と呼ぶものである——それは、道具的で目的論的な論理によって制約されない、思考あるいは理解の能動的様態として彼が展開する批判概念の別名なのだ。もしベンヤミンが、法的暴力によって確立され、その目的に奉仕するこうした正当化図式の限界を理論的に問いただそうとしているとすれば、そのとき、この紛争解決の技術は、そうした論理の外部で機能し、その暴力を逃れ、非暴力的オルタナティヴを行為化する実践なのである。

契約は「自然的な」（前法律的な）暴力的紛争を解決する、というホッブズ的理解に抗して、ベンヤミンは「暴力批判論」で、「紛争の完全に非暴力的な解決は決して、何らかの法的協定には至らない」と強調する。というのも彼にとって、契約とは法的暴力の始まりだからだ。[18]彼はこの試論のもう少し先で、次の一歩を踏み出す。「暴力がまったく近寄れないほどに非暴力的な人間的合意の一領域、「了解」の本来の領域、つまり言語［die eigentliche Sphäre der "Verständigung", die Sprache］が存在する」。[19]そこで言語は「了解」と同時に「非暴力」の同義語となっているが、これは言語のいかなる記述なのだろうか。またそれは、ベンヤミンが神的暴力――それはどちらかと言えば、圧倒的に破壊的であるように見える――について述べていることをどのように説明するのだろうか。

ほぼ同時期の一九二一年に書かれたベンヤミンの「翻訳者の課題」が、ここで間接的に参照されているように思われる。このテクストでベンヤミンは、「暴力」にも「非暴力」にも言及していないが、コミュニケーション可能性を強化、増大させるために翻訳の力を重視し、それがコミュニケーションにおける隘路を改善し得ると示唆している。[20]そのとき、翻訳は紛争解決の技術に関係しているのだろうか。例えば翻訳は、個々の自然言語あるいは感覚的言語が押し付ける「コミュニケーション不可能性」の状況を乗り越えようとする。さらに、あるテクストから別のテクストへの翻訳は、言語に内在するある観念――「言語そのもの」、すなわち、コミュニケーションの隘路や失敗、そして交流《コンタクト》の不可能性を乗り越えるもの――を発展させ、さらには実現することを助けるのである。一九一六年の試論「言語一般および人間の言語について」においてベンヤミンは、「神の名」こそがコミュニケーション上の隘路を乗り越えると強調し、それを「純粋な言葉の神的無限性」と規定する。[21]その後の「翻訳者の課題」では、あらゆる言語を貫いて流れる非感覚的「意図」は、「神の言葉」と名付けられる。これは、神的現前が語るという意味でも、あらゆる所与の言語は翻訳可能だという意味でもない。むしろ彼の考えでは、原文《オリジナル》の内部に「翻訳の法」が存在するのであり、「翻訳［……］は結局、諸言語相互間の最も内的な関係の表現に奉仕する」[22]。もちろん翻訳とはバベルの塔の後のジレンマだが、ベンヤミンの翻訳観はバベルの塔の夢を持続させる。それは翻訳の作業を、了解——そこにはかつて隘路、さらには紛争があった——を進める作業に結び付けるのである。こうして私たちは、次のように注記することができる。まったく非法律的な法、あるいは翻訳の法は、非暴力という法律外の領域——すなわち、進行中の紛争を解決する、契約以前あるいは契約外の技術——と共鳴するのである。

ベンヤミンにとって、翻訳とはある言語と別の言語の相互的活動であり、そうした交換の間に対象言語を変容させるものである。翻訳というこの相互的活動は、相手の言語と接触を持った各言語を変化させ、強化し、拡大するのであり、あらゆる言語を貫いて走る非感覚的「意図」を部分的に実現することでコミュニケーション可能性の領域そのものを拡張する。そうした意図は決して実現され得ない。それもまた、進行中のものなのだ。コミュニケーション可能性を拡大し、強化するというこの考えは、「暴力批判論」における、「暴力がまったく近寄れないほどの合意の領域」としてのこの言語（die Sprache）への言及に極めて類似している[23]。他方で、紛争解決の進行中の様態としてのこの市民的統治の技術は、言語そのもの——その中に言語間の翻訳可能性のみならず、言語中の紛争的立場間の翻訳可能性の構成的可能性を持つもの——に依拠している。各言語は自らの中に外国語への開かれを、異質なものによって接触され、変容されることへの開かれを持っているのだ。

言語と翻訳に関するこの強調は、大いなる観念論の契機である。恐らくそれは言語的観念論であり、あるいは、恐らく神的言葉という宗教的形象を両義的に使用することである――ところでその言葉は、背景にいかなる神も指示することなく「神的」と形容されている。もしそこに何か神的なものがあるとすれば、その語は形容詞的に機能しているように思われる。翻訳の複雑な過程を通じて明らかになる神的言葉と、「暴力批判論」において「神的暴力」と呼ばれるものの間には、どのような関係があるのだろうか。私たちは神的暴力を、ベンヤミンが市民的紛争解決の技術について考察するシナリオに関係付けることができるのだろうか。後者は明確に「非暴力的」と呼ばれるのだろうか。神的暴力は間違いなく、言語は非暴力的領域として現れるという「暴力批判論」の一節において、非暴力と名付け直されるのだろうか。

神的暴力は恐らく「非暴力的な」市民的統治の技術に結び付けられ得る、という私の示唆は一般的なものではない。というのも、その試論の最後の突然の破壊は、別種の暴力を予告しているからだ。しかしながら、この試論の読解にとっての鍵となるものが、ほぼ挿入句のように、その中心に現れている。ベンヤミンが「暴力批判論」の中で「紛争解決」として練り上げる、この強化され、潜在的に無限の理解様態は、恐らく、彼が言語と翻訳に関する初期の考察で練り上げ始めた、言語における潜勢力の再出現なのだろう。こうした非暴力技術が、私たちの暴力理解を支配する法的枠組みを中断するとすれば、そのとき恐らく、法的暴力の「中断」が、まさしく「神的暴力」が意味するもののことだろう。それは法の暴力に対してなされる暴力なのであり、その致死的作用を明るみに出し、市民社会の中に法を必要としないオルタナティヴで進行中の技術を確立するのである。「暴力」をさまざまな仕方で用いることで、また非暴力的技術を暴力的と名付けることで、ベンヤミンは、法の全体化する枠組みを否定あるいは中断するこの技術の力を指し示している。彼はまた、「暴力」という語が暴力の法的独占に異議を唱える諸活動に名前を与えるために用いられると暗示することで、この語を新たな仕方で用いる可能性を示している。「ストライキ」は、潜在的に革命的な力として提示されるとき、この「神的暴力」と協力するのだが、それはまさしく、ゼネラルストライキが法体制の束縛的性格を拒否するからだ。神的暴力は恐らく、まさにそれが良き市民、良き法的主体の暴力的法体制への忠誠を確保する罪に満ちた束縛を破壊するがゆえに、「破壊的」なのだろう。法的暴力を破壊することで、神的暴力（それは今や、非暴力的な紛争解決と翻訳の両者を通じて思考される）は、暴力を扱うが自らは非暴力的であるような、法律外的やり取りの可能性を確立する。ある視点からは、そうした法律外的やり取りが「非暴力的」と呼ばれるのであり、他方で法体制の観点からは、それは暴力的なのである。

ベンヤミンの見解は、法学者ロバート・カヴァーによって取り上げ直されている。彼は主に、法解釈の行為――それ自体の暴力を伝えるものとしての――に主な懸念を持っていた。彼は、「法解釈と刑罰を課すことの関係は、法的行為の最も日常的なものにおいて機能し続けている」[24]と述べている。これは恐らく、判決を下すという行為――ある者を終身刑に処する権力、もしくは彼あるいは彼女の生を奪う権力を持った言語行為《スピーチ・アクト》――において最も明白である。というのも、判事が法を解釈するとき――そして、判決を下すことが、判事が到達する解釈の宣言であるとき――、判事は、警察官と看守――彼らは囚人を監禁し、無力にし、殺し、あるいは命に関わる仕方で放置する――を含む処罰を開始し、それを正当化するために行為するからだ。それゆえ言語行為は、これら他の諸行為から切り離すことができない。それは、そうした暴力的過程の最初の瞬間であり、それゆえ極めて暴力的な行為なのである。「法解釈は結合された解釈の一形式である」と主張した後、カヴァーは次のような論争的主張を行っている。「もし人々が姿を消し、突然あっさりと監獄で死に、彼らの死に対するいかなる明確な正当化も許可もないとすれば、そのとき私たちは、この行為の中に憲法上の解釈を持たないし、また憲法の中にこの行為、すなわち死を位置付けることができない」[25]。しかし、もし監獄における死が禁止され得たとすればどうだろうか。また、法が必要な手段を取ることに失敗したとすればどうだろうか。監獄の中で死ぬ危険がある人々に対して、彼らが生き続けるのに必要な援助や方策を受けるための憲法上の保護はないのだろうか。換言すれば、もし監獄が死刑を通じてのみならず、ある生を軽視し別の生を軽視しない多かれ少なかれ体系的な形式を通じて死をもたらすとすれば、わずかの義務的な法的保護、恐らくは憲法上の権利に関わるであろうものでさえ遵守されてこなかった、ということは明白だと思われる。もちろん、監獄は（遅かれ早かれ）死をもたらすだけでなく、また生を管理し、そうして諸身体を、それらの生の価値を剝奪する仕方で維持する。この意味で再び、哀悼可能性の喪失が生を特徴付けるのであり、それは確かに、不当で不平等な処遇を構成する。私たちは次のように反論することもできるかもしれない。本当に、生への基本的な法的権利は、監獄で、国境で、あるいは海で死ぬに任されることへの法的保護は存在するのか――人々が生き続けるために必要な援助や方策を受けるための法的権利は存在するのか、と。

カヴァーは、判事はその言語行為を含むその解釈行為において暴力に関与している、と強調した。

彼の考えでは、どれほど彼らが、監獄の過酷な現実から距離を取って業務を行っていると自らを理解しても、彼らは同じ暴力システムの一部である。カヴァーは、この暴力は正当化される仕方で受け容れられ、組織されるべきだと結論した。彼の提案によれば、「その暴力を安全かつ効果的に行使することが、その暴力に対する責任が共有されるべき」であり、「多くの行為者が」この協調行動に引き込まれるべきである。そのとき基本的に、彼は合法的な暴力的法体制と非合法的な暴力的法体制を区別している。この観点からは、暴力は無原則であってはならず、それはただ一人の行為者によって生み出されるべきではない。

カヴァーは、判事の行為について私たちがどう考えるかに関心を持っていたが、彼の考えは、法体系を覆うものとしての暴力について私たちがどう考えるかへと広がっていく。私たちは、法なき暴力の世界を離れて、暴力なしで機能する法的世界に入るわけではない。法的世界は単に判決を下すという実践に存する――なぜならその実践は、処罰と投獄の実践に結び付いているから――だけでなく、法の拘束的性格にも存している。法は私たちに命令し、禁止するが、そうすることで、法は既に法的暴力の脅威を発動している。もし私たちが法に従い損ねれば、法は私たちを捕えるだろう、というわけだ。カヴァーは強制と暴力の安易な区別を許していない。前者は正当なものとして措定され、後者は正当化不可能なものとして措定される。一方で、彼の考えでは、法的暴力にはより良い形式とより悪い形式しか存在しない。

カヴァーの見解は、法の内部で機能している暴力を率直に認めており、たとえ私たちがそのより良い形式とより悪い形式の間で判断しなければならないとしても、それなしですませることはできない、という点を受け容れている。ベンヤミンにとって、問題はより深刻になる。何かを暴力あるいは非暴力と名付け、同時にそうした指示が意味をなすような枠組みを援用しないことはあり得ない。それは、相対主義の一形式——あなたが暴力と呼ぶものを、私は暴力とは呼ばない、等々——のように思われるかもしれないが、それとは極めて異なった何かである。ベンヤミンの考えでは、合法的暴力は常にそれ自体の暴力的性格を、正当化可能な強制あるいは合法的な力と名付け直し、それによって問題の暴力を健全化するのである。

ベンヤミンは、いったん私たちがこうした定義を確保する枠組みが揺らいでいることを理解すれば、「暴力」や「非暴力」といった語に何が起きるのか、という点を証明している。彼の指摘によれば、暴力を独占しようとする法体制は、その体制へのあらゆる脅威あるいは異議申し立てを「暴力的な」ものと呼ぶはずだ。従って、そうした法体制は、それ自体の暴力を必要なもしくは義務的な力、さらには正当化可能な強制と名付け直すことができる。そしてそれは、法を通じて、法として機能するがゆえに、合法的であり、従って正当化される。

この点で私たちが理解できるのは、ベンヤミンの考えでは、「批判」と呼ばれる何か——それは正当化図式の生産と自己正当化を問いただす——が、そうした図式そのものの批判を抑制しようとする権力の観点からは「暴力」と呼ばれ得る、ということだ。実際、ベンヤミンにとって、法的暴力の枠組み——その中で正当化図式が確立される——を疑問に付すようないかなる探究、いかなる言明、いかなる行動もそれ自体「暴力的」と呼ばれるのであり、そうした根本的な疑問形式への反対は、法の支配への脅威を抑制し、鎮圧するための法的努力として理解されるだろう。他方で、べンヤミンはこうして、法体制に対する批判的関係は、それが非暴力的手段で追求される際も定義上暴力的なものである、という誤った告発の正体を暴く手段を私たちに提供してくれる。他方で、批判の立場とは、法的枠組みの内部で確立された正当化図式を受け容れない立場であり、法体制の脱構成を主目的とすると思われる立場なのだ。

　私たちは、法的暴力との革命的切断を特徴付ける転倒の原動力を理解するために、神的暴力の働きを明らかにする必要はないだろう。エティエンヌ・バリバールは『暴力と開明性』において、私たちが跡付けてきた暴力の二元性を理解するための優れた枠組みを与えてくれた(26)。私たちが「揺れ」と呼んできたものをバリバールは、暴力の暴力への転換の絶えざる過程として記述している。バリバールは非暴力の政治よりもむしろ、反暴力の政治を支持している。彼の主張によれば、ホッブズが自然状態の暴力的条件として描写したものは、「人間たち《メン》」の間で生起する社会的暴力の一形式である。しかしながらホッブズにとって、自然状態における人間たちの平等は暴力によって悩まされており、万人の万人に対する闘争となる。主権の援用は、こうした好戦的諸関係に終止符を打つとされるが、それは国家を新たな共同体の形式として措定することによってのみなされるのだ。国民国家はその主権的暴力を、前国家的共同体（自然状態における人間たちの共同体として措定された）の「原始的」暴力に対して行使する。従って、ある暴力は別の暴力によって抑止され、この循環から、あるいは、国家暴力が別の暴力――それが見方に応じて「民衆的」あるいは「犯罪的」と呼ぶような――を抑止するという政治的リズムから出る方法は存在しないように思われる。国家暴力は結局、ある時点で、枠組みに応じて正当と見なされるか国家反逆罪と見なされる民衆蜂起そのものによって抑止されるのである。バリバールは次のように述べる。「ホッブズ自身は、主権暴力による暴力の抑圧の両義的《アンビヴァレント》解釈を意識的に承認することはなかっただろう、と私たちは確信できる」。というのも［ホッブズにとって］、主権権力は「自然法原理の理性的適用」のことだからだ(27)。ただし、バリバールは次のように指摘する。「その理論そのものは、法と国家の強制的形式を、市民社会に現れ得る各々の矛盾の背後に「自然的な」（そしてその意味で無制限の）暴力がうごめいている、という事実に結び付ける」(28)。次にバリバールは、ヘーゲルにとって、「国家は暴力の転換をもたらす傾向があり、その内的目的を、歴史においてこの転換を実現することで達成する」(29)と述べる。彼はさらに次のように看破する。「暴力《ゲヴァルト》は、それがもたらす転換によって、別の暴力《ゲヴァルト》に変容する。暴力は権力＝権威［pouvoir］になるのだ」(30)。権力と暴力を断固として区別するハンナ・アーレントは、確実にこの定式化に反対するだろう。しかし彼女が、ベンヤミン的形式においてであれ、ホッブズ的形式においてであれ、法的暴力の問題に十分な返答を持つかどうかは不明確なままである(31)。

バリバールの分析から導かれる一つの暫定的結論は、暴力は常に二度現れる、ということだ――それぞれの場合において、「暴力」あるいは「力」がGewaltの正しい翻訳なのかどうかは明らかではないにせよ。この転換、あるいは私が「揺れ」と呼んできたものは、暴力が「自然的」あるいは法律外的暴力を抑制あるいは追放する限りで、権力と権威によって行使されるとき、暴力の内的論理に属している。こうした理由で、暴力を名付け、使用すること、そしてそれが受ける反転は、すべて跡付けるべき重要なものである。というのも、それらの形式は動的――弁証法的ではないとしても――だからだ。すなわち、ある形式は別の形式に転換し、名前はその転換の途中で移動し、逆転する。結果として私たちは、単に暴力の定義から始め、次にどんな条件で暴力が正当化され、あるいは正当化されないかという議論に進む、ということはできない。というのも、私たちはまず、どのような枠組みが、どのような消去を通じて、またどのような目的で暴力を名付けているか、という問いを解決しなければならないからだ。それゆえ、なすべき作業は、暴力がそれに抵抗するものを暴力的だと名付けようとするパターン化された仕方を跡付けること、そして、法体制の暴力的性格が、それが反対意見を強制的に鎮圧する際に、搾取的契約条項を拒否する労働者たちを処罰する際に、マイノリティを隔離する際に、批判者を投獄する際に、そして潜在的対抗者を追放する際にどのように明らかになるかを跡付けること、ということになる。

私はベンヤミンに、彼のアナーキズム的結論まで完全に付き従うことはしない。しかし、単に暴力の定義を引き受けることはできず、暴力がどのように制限されてきたか、どのヴァージョンの暴力が問題の議論において前提とされているかをまず批判的に検討することなく、正当化に関する道徳的議論を始めることはできない、という彼の意図には賛成する。批判的手続きは、そうした議論において機能している正当化図式そのもの、その歴史的起源、その前提と予めの排除《フォアクロージャー》についてもまた問うだろう。私たちが、どんな種類の暴力が正当化され、どんな種類の暴力が正当化されないのかを述べることから始めることができない理由は、「暴力」がそもそもある枠組みの中で定義され、常に既に解釈されて私たちに到来し、その枠組みによって「徹底操作される」、ということだ。私たちは、その定義そのものが理解できない何かに、あるいは、私たちがいかなる説明もできない矛盾した仕方で現れる何かに、とうてい賛成することも反対することもできない。そうした作り直しの歴史性は、言説的枠組み――その中に「暴力」が現れ、法的暴力が、付け加えるなら暴力の制度的諸形式が一般にその中に閉じ込められるものになりがちな――の中に凝結している。もし私たちが、どんな種類の暴力が正当化され、どんな種類の暴力が正当化されないのか、という問いに答えることを、その問いに枠組みを与える制限された正当化図式に注意を払いたいからという理由で拒否するなら、そのとき理解不可能性のリスクを冒すことになる。そして／あるいは、私たちは危険に、さらには一種の脅威に見えることになる。それゆえ他方で、法的秩序の正当化根拠に対するラディカルな批判的探究は、「暴力的行為」と呼ばれ得る。しかしながら、そうした非難は批判的思考を抑制すべく働き、結局は、正当化を行う既存の法の目的に奉仕してしまう。

「暴力」はここで、法的暴力の支配的諸制度を掘り崩し破壊するこうした努力に与えられた名前である。もしそうだとすれば、「暴力」は、そうした努力への評価を強化するための一連の行動を記述することにはそれほど奉仕しない。そうした点において、「暴力」が、問題となっているあらゆる探究、行動、あるいは非行動に対する良き記述として機能するかどうかは重要ではない。実際、評価が記述に先行し、それを条件付けるのである（それは、いかなる指示対象もないという意味ではなく、指示機能はそれを認知可能にする枠組みに依拠する、という意味にすぎない）。「暴力」と呼ばれるあらゆるものは、規定的枠組みに埋め込まれた特定の視点から暴力と見なされるのだが、こうした枠組みはまた、互いの関係において定義され、抑制と対抗の諸戦略との関係で分析され得る。問題となっている暴力はしばしば物理的なものであるが、物理的なものであるだけではない。物理的暴力でさえ、より広い人種的、ジェンダー的、性的暴力の構造に属しており、もしより広い構造を犠牲にして物理的殴打に焦点を絞るなら、言語的、感情的、制度的、経済的な種類の暴力を説明することに失敗する危険を冒すことになる――これらの暴力は、生を蝕み、危害や死へと曝すが、文字通りの殴打の形を取ることはない。同時に、もし物理的殴打を直ちに抽象化するなら、脅威、危害、傷害の具体化＝身体化《エンボディ》された性格を理解することに失敗してしまう。暴力の構造的形式は、身体に損害を与え、身体をすり減らし、その身体的存在を脱構成する。もし灌漑システムが破壊されたら、あるいはもし諸人口が病気へと遺棄されたら、それらは暴力の働きだと理解するのが正しいのではないだろうか。チョークホールドや強制的勾留はどうだろうか。独房監禁は、制度的暴力は、拷問はどうだろうか[32]。物理的殴打の形象は、暴力の完全な範囲を記述することはできない。実際、いかなる一つの形象も、それを記述することはできないのだ。私たちは、多くの人々が行ったように、類型学を構築し始めることはできるかもしれないが、暴力の諸類型間の境界線はぼやけがちである。行為において暴力の諸類型はぼやけがちであり、それは、暴力が「存在構造への攻撃」としていかに機能するかという現象学的説明が、制度的、構造的暴力、とりわけ監獄暴力の批判にとって極めて重要な一つの理由なのだ[33]。

そのことは、暴力は願うだけでなくなり得る、あるいは暴力とは単に主観的意見の問題にすぎない、という意味ではない。反対に、暴力はまさしく、正当化と合法性の問題に依存する諸々の枠組みの揺れに常に服従する。私たちはこれが、致死的行動に関するタラル・アサドの重要な人類学的分析においてどのように機能しているのかを理解することができる[34]。ある形式は正当化され、美化さえされ、別の形式は非難され、有罪化される。国家に依存して、国家公認の暴力は正当化され、国家を基盤としない暴力は非正当化される。実際、ある形の国家に支持されれば、致死的行動は正義とデモクラシーの名において行われるとされ、国家に基盤を持たない暴力では、致死的行動は犯罪的でテロリズム的となる。それらの方法は類似しているか異なっているかもしれず、それらの破壊的力は激しさにおいて等しいもの、あるいはそれらの帰結において同様に恐ろしいものかもしれない。しかしながら、それぞれの枠組みの中で生が極めて残忍な仕方で奪われるからといって必ずしも、これら致死的行動の形式は私たちが考えるより近い、という洞察が導かれることはない。

問題は、全般的相対主義を受け容れることではない。なすべきことはむしろ、名付けの実践を生み出す枠組みの揺れを跡付け、明るみに出すことだ。というのも、そのときにのみ、非暴力とは何か、それが何をもたらすのかをめぐる私たちの理解を、（a）暴力を非暴力的行動へと無罪化し、外部化する考え、あるいは（b）「暴力」の範囲を、批判、異議、不服従を含むものへと拡張する考えに対して、それに抗して確保しなければならないからだ。それは、搾取の合法的あるいは経済的諸形式、あるいは強制の政治的諸形式に対する抵抗——ストライキ、監獄におけるハンガーストライキ、労働の停止、政府や官庁の建物や空間、その公私の地位が異議を申し立てられている建物や空間を占拠する非暴力的諸形態、様々な種類のボイコット、消費者的、文化的ボイコット、制裁、公的集会、嘆願、非正当的権威を認めることを拒否するその他の様々な方法を含む——の、確立された非暴力的戦術に意味を確保するための闘争であるべきではない。これらの行動あるいは非行動を統合するのに役立つものは、それらすべてが一連の政策あるいは行動の正当性を、あるいはゼネラルストライキもしくは反植民地的抵抗の場合には、特定の支配形態の正当性を疑問に付す、ということだ。しかしながら、それらすべては、統治、国家形成、支配における変化を求めるという理由で、「破壊的」と呼ばれ得る。というのも、それらは正当性の問い——批判的思考の究極的行使——を提起しつつ、現状の本質的変化を要求しており、それゆえ暴力的行為と見なされるようになるからだ。「暴力」が法的暴力に対する抵抗の非暴力的諸形態を名指すようになるとき、そうした名付けの行為を政治的枠組みとその自己正当化図式の中に批判的に位置付けることは、ますます重要になる。私はこのことを、現代の批判理論の責務と考えるだけでなく、あらゆる自己反省的倫理と非暴力政治の責務だと考えている。

私たちはそうした正当化図式がいかにして確立されるかを、それを使う前に批判的に思考しなければならない、というベンヤミンの主張を私は真剣に受け止めるが、私たちはある枠組みに自らを関与させる決定を行うよう強いられている、という点も考慮している。何が暴力的と見なされるかを知ることなく、暴力が正当化されるかどうかを決定することはできない限りにおいて、私たちは暴力と非暴力の差異を決定せよという要求を放棄することはできない。換言すれば、批判の操作は関与や判断を妨げることはできない。ベンヤミンの分析は、あらゆる所与の行動が暴力的あるいは非暴力的と見なされるべきかどうかを問うている。この問いを提起する枠組みは、それが解決される仕方を大いに決定する。法によって生み出される正当化図式は、その問いを提起すると同時に解決するまさしくその言語そのものにおいて、自らの正当性を再生産する傾向にあるのだ。

ただし、この論点に第二の論点を付け加えておこう。不平等の構造は、暴力を知覚し名指す、またその正当化不可能性を把握し宣言する、一般的な意欲を触発する。というのも非暴力運動は、権力を獲得すれば、法的暴力を行使する権威になってしまうからであり、解体された暴力的権威は、法的枠組みを放棄する可能性があるからだ。また、強制力としての暴力を独占する法によって支持された権力の視点から、そうした法的体制の解消を目指す人々を、国家にとっての脅威、ならず者、暴力的な敵対者、国内の敵、生そのものに対する脅威と名指す見込みが常に存在する。しかしながら、「「生そのものに対する脅威」という」この最後の告発は、法が生と外延を共にするときにのみ有効である。ベンヤミンの考えは、そうしたことは決して完全には起こらない、というものだ。

生における関係性

この議論が、次のような重要な問いを含む多くの問いを置き去りにしていることを私は理解している。すなわち、私たちは人間の命のみに言及しているのか、細胞組織や胎児の生命、あるいはあらゆる種や生命の過程、それゆえ生命の環境的諸条件に言及しているのか、という問いである。問題は、生の諸形式を区別する類型学によってしばしば覆い尽くされた、生の合理性を再考することだろう。私はそうした合理性に、生きた人間の間だけでない相互依存の概念を含めるだろう――というのも、どこかで生き、生命維持のために土地と水を必要とする人間は、また非人間の生への要求が人間の要求と明確に重なり合うような世界で、また非人間と人間が時に互いの生に完全に依存するような世界で暮らしているからだ。[35] これらの生の（あるいは生者の）重なり合う諸領域は、関係的で過程的なものだと考えられねばならず、またそれらそれぞれが、生の保護のために必要な条件だと考えられねばならない。

私が非暴力は根本的平等への関与に結び付かねばならないと論じた一つの理由はまさしく、暴力が社会的不平等の強化として機能するからというものだ。こうした諸々の不平等は、レイシズムと戦争の論理の生政治的諸形式によって差別的に作り出されているが、それら二つの論理は両者とも、哀悼可能な生と哀悼不可能な生を、価値ある生と不必要な生を区別する。暴力の生政治的形式は必ずしも戦争の論理に従うのではなく、その《幻想》的光景を自分自身の合理性様態へと同化する。つまり、「もしヨーロッパあるいは合州国（あるいはオーストラリア）が移民を入国するに任せるなら、彼らはその歓待の結果として破壊を被るだろう」というわけだ。こうして新たな移民は、そのホストを襲い否定する破壊力として形象化されている。この幻想は、移民暴力的破壊を正当化する基盤となる。彼らは破壊を体現し、破壊をもって脅かすがゆえに、破壊されねばならない。しかしながら、そうした論理に基づく行為は、問題の暴力が移民に対する暴力であることを明らかにしている。そうした戦争の論理によれば、そこにはパニックに陥った袋小路が存在する。暴力と破壊を被る危険に曝されることが、自分自身を移民から守る状態の条件だと想像されているのだ。しかし、その暴力とは、レイシズムとパラノイアによって煽り立てられ、移民人口に対して向けられた国家暴力のことである。なされる悪は明らかに暴力の行使であるが、もう一つの悪、すなわち社会的不平等の再生産が同時に生起している。後者は、生とその哀悼可能性に与えられた価値の間の差異の強化という形を取る。だからこそ、暴力批判はまた不平等の根本的批判でなければならない。さらに、不平等への抵抗は、人種的《幻像《ファンタスマゴリア》》――その中では、ある生は純粋な暴力、あるいは暴力の切迫した脅威として形象化され、別の生は自己防衛と自己の生の保存の資格を与えられたものと見なされる――を批判的に明るみに出す必要がある。この力の差異とその《幻像《ファンタスマゴリア》》的形式が、暴力と非暴力の問いを公的な生において議論し決定する概念装置に入り込んでいるのだ。

暴力批判は、非暴力の実践と同じではなく、非暴力の実践は暴力批判なしでは進展し得ない。非暴力の実践は、これらすべての《幻像《ファンタスマゴリア》》的、政治的挑戦に直面しなければならず、それは絶望的事態になることもあり得る。もちろん、ファノンは今や、暴力の正当化や、暴力への反対活動を含む、多くの目的で使われている。しかし、『黒い皮膚・白い仮面』にとって極めて中心的な身体が、彼の試論「暴力について」の中で、平等への理解をもたらす形で再び現れることを考慮すれば、彼がこの議論にとって中心的であることは明白である。もちろんファノンの中には、超人的男性性の幻想、すなわち、植民地権力の要塞を崩壊させるに十分な強さを持つものとして身体を想像すること――多くの人々が批判した超男性性の幻想――が存在する。しかし、このテクストへの別のアプローチも存在する。すなわち、身体の近接性という状況から現れる平等理解をもたらすようなアプローチである。

原住民は、自分の生命、呼吸、心臓の鼓動が、コロンのそれに等しいことを発見する。コロンの皮膚に現地人の皮膚以上の価値があるわけではないことを発見する。それはすなわち、この発見が、世界に本質的な衝撃をもたらすということだ。原住民の革命的な新しい確信の一切がここに由来する。事実、もし私の生命がコロンの生命と同じ重みを持つならば、もはやコロンの視線にちぢみ上がることも金縛りになることもなく、コロンの声を聞いて化石のように身動きできなくなることもない[36]。

これは、人種的《幻想》が粉々に砕け、平等の主張が世界を揺るがし、世界形成的な潜勢力を切り開く瞬間である。

私たちは法体制が、その構造的レイシズムを暴露し打倒しようとする人々に暴力という属性を付与する仕方を、全般的諸関係において跡付けようとしてきた。平等への要求が「暴力的」行為と呼ばれるとき、あるいは同じ有罪化が、政治的自己決定の要求に対して、セキュリティ至上主義的脅威や検閲から自由に生きたいという要求に対してなされるとき、それは確かにショッキングである。そうした属性付与や投影は、いかにして分節化され、批判され、打破されるのだろうか。こうした目的から、国家暴力の拡大を支える幻想が作動させる概念的逆転について考えてみよう。トルコでは、平和の嘆願に署名した人々は、テロリズムの罪で告発される。またパレスチナでは、全員にとっての平等と政治的自己決定を保証する政治的統治形態を求める人々は、しばしば暴力的破壊性の罪で告発される。こうした主張は、非暴力を提唱する人々を麻痺させ、阻止するためのものであり、戦争に反対する立場を、あたかもそれがそもそも戦争内部の立場でしかないかのように歪曲するのだ。

こうしたことが起こるとき——それは実際に起こっているが——、戦争批判は策略、攻撃、隠された敵意と見なされる。批判、異議、市民的不服従は、国民、国家、人間そのものに対する攻撃と見なされるのだ。こうした非難は、推定上の戦争の枠組みから現れるのであり、そのとき、いかなる立場もこの枠組みの外部にあるとは想像され得ない。換言すれば、すべての立場は、いかにそれが明白に非暴力的であるとしても、暴力の置換と見なされるのである。従って、私が「明白に」非暴力的な諸実践に言及しても、パラノイア的で逆転した論理が支配するエピステーメーの内部では、ある幾つかの実践のみが非暴力的なものとして現れるのだ。戦争批判そのものが、あるいは社会的、経済的不平等を終わらせようという呼びかけが戦争を起こす手段だと見なされるとき、絶望に陥って、あらゆる言葉は歪曲され、あらゆる意味は打ち負かされると結論することは容易である。私はそれが結論だとは考えない。

迫り来るニヒリズムを前にして、《幻像《ファンタスマゴリア》》の諸形式——それは、ある者たちが攻撃していないときに、あるいはむしろ攻撃されているときに、「攻撃している」と考える——を明るみに出すためには、批判的忍耐が要求される。この逆転は、中東あるいは北アフリカからの人々の移動はヨーロッパと人類を破壊するので拒絶され遺棄されねばならず、さらに、必要なら死ぬに任されるべきだ、という考えや政策によって行為化される。この殺人的論理はこの間、反動主義者やファシストの間で優勢である。ある《幻想》が、現在語り、行為している人々誰もを、語り、行為しているように思われる人々誰もを代理するのであり、その《幻想》は、他者たちの潜在的暴力を恐れる人々の攻撃を具体化＝身体化《エンボディ》し、こうした外部化された諸形象において攻撃性を備給し、攻撃性に直面する人々の攻撃を具体化＝身体化《エンボディ》する——これは攻撃性を完全に外部化する致死的遂行である。こうした形の防衛的攻撃は、この生は別の生から決定的に分離することはできないという洞察からは程遠いものであり、どんな壁であれ、それらの生の間に壁を作ってしまう。［しかし］様々な壁でさえ、しばしば劣悪な形の社会的紐帯においては、それらが隔てる人々を結び付ける傾向があるのだ。

この最後の視点を念頭に置いて、私たちは平等と共生に新たな観点から——すなわち、あらゆる生は平等に哀悼可能であり、それが死においても生においてもいかに重要であるかを理解しようとする、という前提から——アプローチし直すこともできるだろう。というのも、生の中で潜在的に哀悼可能な生とは、未来に値する生、その形が前もって予測も規定もできないような未来に値する生だからだ。ある生の未来を保護することは、そうした生が取るであろう形を、すなわちそうした生がたどるであろう道を押し付けることではない。それは、生が取り得る偶然的で予測不可能な諸々の形を開かれたままにしておく方法なのだ。そうした保護を肯定的な義務と見なすことは、他者たち——その差異は常に脅威として形象化される——を犠牲にして自分自身を保存すること、あるいは自分の共同体を保存することとはまったく異なっていることがわかる。例えば移民たちが、破壊を予示するものとして、破壊の純粋な器として、人種的あるいは国民的同一性を不純物で毒するものとして形象化されるとき、彼らを制止し、無期限に勾留する行動は、彼らの船がぼろぼろに壊れ、死が目前に迫っているときに彼らを海へ戻し、彼らのＳＯＳに答えることを拒否する行動は、先住共同体の「自己防衛」——暗黙あるいは明白に人種的特権によって規定される——として、まったく腹立たしげに悪意を持って正当化される。道徳的に認可されたこうした形の破壊性においては、破壊が自己防衛の有毒かつ誇張された概念——その名付け直しの実践は、自分自身の暴力の正当化を達成する——から生じていることがわかる。そのときその暴力は、例のレイシズム的道徳化——人種とレイシズムの防衛において機能するそれ——によって転移され、隠蔽され、認可されるのである。

私たちは恐らく、人間世界に住み着く心的メカニズムを記述しているのかもしれないし、暴力に対する私たちの抵抗は、人間の心的なものやその規定的諸関係に見出される破壊的潜勢力を変化させようとする虚しい努力なのかもしれない。政治的な暴力批判への返答は時として、人間の破壊性は決して完全には乗り越えられない、それは私たちが知るような社会的紐帯を防衛したり、粉々に破壊したりするような欲動、欲動性、あるいは潜勢力として人間共同体に属している、という議論の形を取る。ホッブズは確かにそのような考えを持っていたし、バリバールは最も鋭敏なその現代的再考を提示した。破壊性は社会的諸関係における欲動あるいは特性なのか、という問いは開かれた問いである。そして、たとえ私たちが破壊性への全般的可能性あるいは傾向を認めるとしても、それは政治的な暴力批判を掘り崩す、あるいは強化するのだろうか。これら両方の問いに取り組むために、私たちは次のように問う必要があるだろう。破壊性とは、社会理論と政治哲学にとって何を含意するのだろうか。それは、相互依存の副産物なのだろうか、あるいは、人間諸関係を特徴付ける愛と憎悪の両極性の一部、人間の諸共同体を脅かすもの、あるいはそれらを結合させるものの一部なのだろうか。

社会的紐帯を相互依存の身体化された諸形式において基礎付けられたものとして再考することは、個人主義の再生産に依拠しないような形の社会的平等を理解する枠組みを、私たちに与えてくれる。個人は集団に取って代わられるのではなく、自らの必要性と両価性《アンビヴァレンス》によって定義されるような社会的紐帯によって形成され、それを背負っているからだ。この文脈の中で生の平等な哀悼可能性について語ることは、諸個人に適用される哀悼可能性の基準を確立することではなく、どんな種類の生が制限なき未来に値し、誰の生が哀悼可能であるかをめぐる公的観念を伝える、人種的《幻想》について問うことなのだ。諸々の生を差異的＝差別的に価値付けるような《幻想》的領域の解体は、生の肯定を、「中絶反対《プロ・ライフ》」の立場とは異なるそれを必要とする。実際、左翼は生に関する言説を、その反動的な敵対者に生贄として捧げるべきではない。平等を肯定することは、相互依存――それは身体の個人的境界から縁《エッジ》を取り除く、あるいは、その縁《エッジ》をその社会的、政治的潜勢力のために機能させる――によって部分的に定義される共生を肯定することなのである。

そうした生の肯定は、単に私の生の肯定ではない――もちろん、私の生はそこに含まれるにせよ。それは、諸々の他者の生を犠牲にして勝ち取られた自己保存とはまったく異なっており、社会的紐帯そのものを断ち切る仕方であらゆる社会的紐帯の破壊的潜勢力を投射する、破壊の諸形象によって強化された自己保存とはまったく異なっていることがわかるだろう。私たちの誰も破壊能力から自由ではないとしても、あるいはまさしく、私たちの誰も破壊能力から自由ではないがゆえに、倫理的で政治的な考察は非暴力という課題に収束するのである。まさしく、私たちは破壊することができるがゆえに、なぜそうすべきでないかを知る義務を負っているのであり、自らの破壊的能力を抑制する対抗的諸力を召喚する義務を負っているのである。非暴力が私たちを結び付ける倫理的義務になるのは、まさしく私たちが互いに結び付けられているからだ。それは恐らく、私たちがそれに対して不満を述べるような義務であろうし、その中で心的なものの両価的《アンビヴァレント》な揺れが自らを知らしめるような義務であろうが、社会的紐帯を維持する義務は、まさしくそうした両価性《アンビヴァレンス》を解消することなしには解消され得ない。互いを破壊しないという義務は、私たちの生の悩ましい社会的形式から生じ、それを反映しているのであり、それは、自己保存が他者たちの生の保存に結び付いているかどうかを私たちに再考させる。自己保存の自己は、部分的にはあの結び付き、あの不可欠で困難な社会的紐帯によって定義されるのだ。もし自己保存が暴力行使の基盤になるとすれば、もしそれが非暴力の原理に対する例外として神聖化されるとすれば、そのとき、自己自身を保存し、自己自身の体制に既に属している人々のみを保存するその「自己」とは誰なのだろうか。そうした自己は、自己自身にのみ、あるいはその自己自身の感覚を増大させる人々にのみ属するのであり、それゆえ世界喪失に陥り、この世界を脅かすのである。

訳註

(一) Michel Foucault, « *Il faut défendre la société* », *Cours au Collège de France (1975-1976)*, Paris: Gallimard/Seuil, 1976, p. 217. [ミシェル・フーコー、『社会は防衛しなければならない——コレージュ・ド・フランス講義1975-1976年度』、

石田英敬・小野正嗣訳、筑摩書房、二〇〇七年、二四三頁〕

(ii)エリック・ガーナーは、二〇一四年当時四三歳の黒人男性。ニューヨーク市で煙草の密売を疑われ、警察官が逮捕の際にチョークホールドを用いたために死亡した（ニューヨーク市警はチョークホールドの使用を禁止している）。ガーナーは警察官に歩道に顔を押し付けられ、一一回にわたって「息ができない」と繰り返した。ガーナーの友人が、事件をヴィデオ撮影していた。

(iii)ウォルター・スコットは、二〇一四年当時五〇歳の黒人男性。サウスカロライナ州ノースチャールストンで、ブレーキライトが機能していないとして警察官に止められ、背を向けて逃げたところを後ろからその警察官によって銃撃され、殺害された。

(iv)トレイヴォン・マーティンは、二〇一二年当時一七歳の黒人少年。フロリダ州サンフォードで、自警団員だったジョージ・ジマーマンによって、口論の後に殺害された。マーティンは銃を持っていなかったが、警察はジマーマンを正当防衛として釈放した。ジマーマンの逮捕と取り調べを求める抗議の声がアメリカ全土に広まったが、彼は後の裁判でも無罪とされた。

(v)マリッサ・アレクサンダーは、二〇一二年当時三一歳の黒人女性。フロリダ州ジャクソンビルで、夫による虐待から身を守るため威嚇射撃を行ったところ、加重暴行の罪で禁錮二〇年の有罪判決を受けた。

(vi)ガブリエラ・エヴァレスは、二〇一四年当時二二歳の黒人女性。カリフォルニア州シトラスハイツで、祖母との口論の末、祖母の車を運転して逃げたため、祖母は車を盗まれたと警察に通報した。警察はカーチェイスの末、彼女の車に銃撃し、死亡させた。

(vii)シャンテル・デイヴィスは、二〇一二年当時二三歳の黒人女性。ニューヨークのブルックリンで盗難車を運転し、事故を起こした彼女を警察官が静止しようとして発砲した。彼女はその後、病院で死亡した。

(viii)マリッサ・ウィリアムズは、二〇一二年当時三〇歳の黒人女性。クリーヴランド州オハイオで、ウィリアムズと同乗者のティモシー・ラッセルが麻薬を入手しようとしていると警察に通報があり、カーチェイスの後、警察官による二四発の弾丸を受けて死亡した。
(ix)ラターニャ・ハガティは、一九九九年当時二六歳の黒人女性。シカゴで、警察官の停止命令を無視して追跡された友人レイモンド・スミスの車の中で、警察官に射殺された。警察官はハガティが銃を持っていたために発砲したと証言したが、彼女が持っていたのは携帯電話だけだった。
(x)サンドラ・ブランドは、二〇一五年当時二八歳の黒人女性。死の詳細は本文の通り。彼女はブラック・ライヴズ・マターの活動家で、二〇一五年一月以降、警察の暴力に関するヴィデオをソーシャルメディアに投稿していた。
(xi)シェネク・プロクターは、二〇一四年当時一八歳の黒人女性。パーティーで騒ぎ、警察官に抵抗したとして逮捕され、アラバマ州ベッセマーの留置所に収容された。彼女には喘息の持病があり、治療を要求したが警察に拒否され、その後、独房の中で死亡した。
(xii)Walter Benjamin, »Zur Kritik der Gewalt«, in *Gesammelte Schriften*, vol. II-1, Frankfurt am Main: Suhrkamp, 1999, p. 182.［ヴァルター・ベンヤミン、『暴力批判論――ベンヤミンの仕事1』、野村修編訳、岩波文庫、一九九四年、三三頁］
(xiii)Ibid., pp. 191-192.［同書、四七―四八頁］野村修訳では「紛争の非暴力的な調停」、「市民の合意の技術」と訳されており、これらの方がドイツ語原文に近いが、ここではバトラーの英訳に従って訳出する。
(xiv)Ibid., p. 191.［同書、四七頁］

第四章　フロイトにおける政治哲学——戦争、破壊、躁病、批判的能力

ご関心の所在は戦争の防止であって私たちの理論でないのが分かっていながら、無理矢理そこに自分の話をこじつけているのではないかと案じます。なおしばしの間、破壊欲動の話を続けさせてください。破壊欲動はよく話題に上るものの、その重要性に足並みを揃えることは到底できていません。

ジークムント・フロイトからアルベルト・アインシュタインへの書簡、一九三二年[i]。

ジークムント・フロイトは、第一次世界大戦最中の一九一五年に書かれた「戦争と死についての時評」の中で、共同体を団結させる紐帯について、またその紐帯を破壊する破壊的諸力について考察している[1]。彼は、一九二〇年初出の「死の欲動[2]」を展開するまでの時期に、そして次の十年にはさらに詳細に、人間の破壊的諸能力にますます関心を寄せるようになった。彼が「サディズム」、「攻撃性」、「破壊性」と呼ぶものは死の欲動の主要な代理となるのであり、それらは一九三〇年の『文化の中の居心地悪さ』において最も練り上げられた定式化を獲得した[3]。フロイトは、彼が同書で「克服不可能な自然[ii]」と呼ぶものをめぐって二元論的形而上学を展開し、絶えずより複雑な人間

的紐帯を作る力としてのエロスを、それを崩壊させる力としてのタナトスに対置する。持続的な政治的形式は、社会的紐帯が相対的に適切に機能し得ると想定するが、そのとき政治体は、フロイトが記述する破壊的力をどのように扱えばよいのだろうか。

第一次世界大戦についてのフロイトの考察は、それに続く破壊性についての洞察へと至る。一九一五年の時点で、フロイトはまだ死の欲動の概念――その主要な照準の一つは、社会的紐帯の弱体化だろう――を導入していないが、当時の圧倒的で前例のない人間の破壊性に関する印象を確かに記録している。

こんな戦争があろうとは信じられないような戦争が、今や勃発し、そして――幻滅をもたらしたのである。このたびの戦争は、攻撃と防衛の武器が非常に完成されていたため、これまでのどの戦争よりも血生臭く、損害の大きいものとなっただけでなく、昔の戦争のいずれに比べても、少なくとも同じくらいに残酷で激烈で容赦ないものである。この戦争は、平時には守ってきたはずの国際法と呼ばれてきた制限を超えたところに置かれている。そして、負傷者や医師の特権や、非戦闘員と戦闘員の区別や、私有財産の保全要求を認めない。この戦争は、邪魔になるものすべてを盲目的な怒りで打ち倒す。まるでその戦争の後、人々の間に未来も平和も一切存在させまいとするかのようである。この戦争は、互いに格闘する諸民族同士のあらゆる共同体的紐帯を引き裂き、諸民族の再結合を長きにわたって不可能にするような憤激を後に残す。(4)

フロイトの所見は多くの理由で注目に値するが、その中でも主要なものは、破壊性の歴史における変化の感覚である。つまり破壊性は、以前は必ずしもこのような形で知られることはなかったのだ。諸々の新たな兵器の発達は以前の戦争より破壊を大規模にしたが、残虐性の度合いが同じであることがフロイトに衝撃を与えたのであり、問題は人間がより残虐になったことではなく、科学技術《テクノロジー》が残虐性に以前より大きな破壊を生み出すのを許したことである。これらの兵器がなければ、戦争の破壊性はより小さくなっていただろうが、残虐性がより小さくなることを保証しはしないだろう。従って、残虐性はそれ自体科学技術によって増大させられると私たちが述べたくなるとすれば、フロイトはそうした見解に抵抗しているように見える。つまり、破壊は新たで、歴史的に可変的な形を取るのだが、残虐性は同じままに留まる、ということだ。それゆえ、人間の残虐性だけですべての破壊性を説明することはできない——科学技術もまたその行為能力《エイジェンシー》を発揮する。しかし、人間における破壊性の疑いなく人間的な能力は、人間主体の両価的《アンビヴァレント》な心的構成に由来する。従って、破壊性を抑止するために何をなし得るかという問いは、とりわけ戦争の文脈においては、両価性《アンビヴァレンス》と科学技術に関係している。

　戦争を行うことは国民《ネイション》特有の行為であると一般には想定されているが、戦争を動機付ける盲目的怒りは、国民形成を可能にする社会的紐帯そのものを破壊する。もちろん、それは国民のナショナリズムを強化し、戦争と憎悪によって強化された一時的結束を生み出し得るが、政治を可能にする社会的諸関係を侵食しもする。戦争によって解放された破壊力は、修復が可能かどうかわからないほど、社会的絆を断ち、怒り、報復、不信（「憤激」）を生み出すのであり、過去に形成されてきたような諸関係のみならず、平和共存の未来の可能性をも掘り崩す。先の引用でフロイトは、明らかに第一次世界大戦について考察しているが、また戦争全般について主張してもいる。戦争は「邪魔になるものすべてを［……］打ち倒す」。ここで彼は、抑制を適切に保持する防壁を取り除くことこそ、実際、戦争の一つの目的だ——軍人には殺人の許可が与えられねばならない——と示唆している。戦争の明示的な戦略的もしくは政治的目的が何であれ、それは破壊という戦争の目的と比較すれば、薄弱であることがわかる。戦争が最初に破壊するのは、破壊の許可に課せられた制限そのものなのである。もし私たちが戦争の語られざる「目的」について正しく語り得るとすれば、それは政治状況を変化させることでも、新たな政治秩序を確立することでもなく、むしろ政治の社会的基盤そのものを破壊することである。もちろんそうした主張は、もし私たちが例えば正戦——デモクラシーの名において、ファシズム的体制あるいは大量虐殺《ジェノサイド》を行う体制に対して遂行される戦争——を信じるなら、誇張的に思われるかもしれない。しかしそのときでさえ、戦争遂行の明示的な目標と、戦争によって解放された破壊性は決して完全に同じではない。いわゆる「正戦」でさえ、その明言された目的、その意図された目的を超えた破壊性の危険を冒すのである。

実際、公的かつ明言された戦争の目的がいかなるものであれ、別の目的が常に働いており、フロイトはここでそれを「盲目的な怒り」と呼んでいる。さらに、戦時にある民族あるいは国民を動機付け、一体化しさえするこの怒りは、またその民族や国民を分裂させ、彼らがどんな意図的、自己保存的、あるいは自己強化的な目的を持っていようと、それに反して働く。この種の怒りはまず第一に、破壊そのものに課せられた既存の抑制や制限を乗り越えようとし、社会的紐帯――ある程度、破壊に対する障害と理解されるもの――を、増大する破壊性のために破壊しようとし、破壊を予測可能な未来に向けて再生産しようとするのであり、その未来は結局、破壊の未来、あるいは未来そのものの破壊の方法になるかもしれない。まさしく戦争を行うための明言された偏狭かつ暫定的な目的の中から、もう一つの目的が、あるいは実際、一つの「欲動」が確立される――すなわち、制限なき破壊性である。ある集団あるいは国民が戦争において一時的な結束を達成し、国を守る、あるいは敵を破壊するというその明示的目的を支持して結集するかもしれないときでさえ、そうした明示的に認められた何らかの目的を超えた結集の中に、何かが形をなし――あるいは確立され――、戦争が目的とする諸集団の社会的紐帯のみならず、戦争を遂行する諸集団の社会的紐帯をも破壊し得るのだ。フロイトがギリシア悲劇から引用する「盲目的な怒り」という考えは、彼が五年後に「死の欲動」と呼ぶものを予示している。一九一五年には既に、彼にとっての関心事は、死の欲動が引き受ける力である。いったん死の欲動が破壊的科学技術《テクノロジー》によって増幅されれば、それは世界中に破壊をもたらすのであり、破壊性を抑止状態に保持する力を持つ社会的紐帯そのものを破壊するのである。一九三〇年までに、フロイトはより明確に、大量虐殺《ジェノサイド》の可能性により明示的に関心を持つだろうし、それは『文化の中の居心地悪さ』において明白である。そこで彼は次のように述べている。

人間の共同生活は、人間自身の攻撃欲動や自己破壊欲動［Aggressions- und Selbstvernichtungstrieb］

によって攪乱されているが、人間はこれを自らの文化の発展によって抑制できるのか、どの程度まで抑制できるのか。私には、その成否が人間という種の運命を左右する決定的な問いだと思われる。この点で、まさに現代という時代は、特段の関心を向けられてしかるべき時代と言えるかもしれない。人間は今や、自然の諸力の支配についてはめざましい進歩を遂げ、それを援用すれば人間自身が最後の一人に至るまでたやすく根絶し合えるまでになった。(5)

彼は一九三一年版で、「永遠のエロスが、［……］そのもう一つの不死の敵との闘争に奮起することを」期待する、というパラグラフに、その努力がどれほど成功するかは誰も予測できない、と注記する一文を付け加えた。フロイトは明らかに、彼が第一次世界大戦で見た恐るべき破壊性――彼は、それが一九三〇年代により大規模な形でヨーロッパに回帰しているのを感じていた――に立ち向かう可能性を探していたのである。フロイトは、破壊性を理解しようとする努力の中で、歴史あるいは経験的諸例に依拠するのではなく、彼が「欲動」と呼ぶもの――せいぜい思弁的にしか見えない手段――に依拠する。それでは、なぜ欲動の生に目を向けるのだろうか。フロイトにとって、諸集団がそれ自体に与える行動のための意識的理由は、その行動を導く潜在的動機と同じではない。結果として、破壊をいかに最適に防止するかをめぐる考察は、理性的思考にとって受け容れ可能な議論を示す以外の何かをしなければならない――それは、何らかの仕方で欲動に訴えねばならない。あるいは、戦争へと導き得る推進力ある破壊性を扱う方法、もしくはそうした破壊性を阻止する方法を見つけねばならない。

欲動理論への懐疑的立場が、フロイトの「欲動［Trieb］」を「本能［instinct］」と誤訳することから生まれてくる。「本能［Instinkt］」と「欲動［Trieb］」はいずれもフロイトの仕事の中で使われているが、後者がより頻繁に使われているように思われるし、死の欲動（Todestrieb）は決して「死の本能」ではない。英語版全集のジェームズ・ストレイチーによる翻訳は、二つの語をいずれも「本能［instinct］」と訳しているため、それが英語文献においてこの語の生物学的理解をもたらし、ある場合には、欲動がフロイトにおいて生物学的決定論の一形式に従うという考えをもたらしている。フロイトは「欲動と欲動運命」（"Triebe und Triebschicksale"、英語では"Instincts and Their Vicissitudes"と訳されているが、むしろ"Drives and Their Destinies"と訳す方がよい）と題された試論において、欲動（Trieb、「駆り立て」を意味する）は完全に生物学の領域に属すのでも、また完全に自律的な心的領域に属すのでもないことを明確にしている。むしろそれは、身体的領域と観念的領域の境界概念（ein Grenzbegriff）として機能するのである。[6]

フロイトは一九二〇年まで、心的な生は快、セクシュアリティ、あるいはリビドーによって支配されていると主張していた。そして彼が、願望充足あるいは充足欲動では説明できない反復強迫によって特徴付けられる諸症候が存在することを考慮し始めるのは、戦争神経症の諸形態に出会ったときのことでしかない。従って、フロイトが死の欲動を定式化し始めたのは、戦争の結果なのであり、それは破壊性の諸形態、とりわけ反復特性を持った諸形態（彼が後に、『文化の中の居心地悪さ』において「非性愛的攻撃性」と呼ぶもの[7]）の考察によっても促されたのである。フロイトはまさしく『快原理の彼岸』における死の欲動の最初の定式化において、いかなる願望にも奉仕しないと思われる反復的振る舞いの諸形態を説明しようとした。フロイトが出会った戦争神経症に苦しむ患者たちは、暴力と喪失のトラウマ的光景を、快原理によって説明される反復諸形態にはいかなる形でも明確に似ていない仕方で追体験する。この反復的苦痛に結び付いたどんな明らかな満足も存在しないだけでなく、それは、患者の生の有機体的基礎を危険に曝すまでに、患者の健康状態を次第に悪化させていく。この段階で、フロイトは死の欲動の最初のヴァージョンを展開した。それによれば、有機体はその原初の無機的状態に、すなわちあらゆる刺激から解放された状態に戻ろうとする。実際、あらゆる人間有機体はこの起源に戻ろうとするのであり、生の道筋は「死への迂回路」以外の何ものでもないことが明らかになる。(8) 人間の中には、願望を充足しようとし、それ自体の有機的生を保存しようとする何かが存在するのと同程度に、願望充足を無視して機能し、生の有機的条件を否定しようとする何かが存在するのである——その生が他者に属するのであれ、自己自身に属するのであれ、あるいは動的複雑性を持った生物環境に属するのであれ。

フロイトが今や心的な生の内部に、人間有機体の個体化された生以前の時間へとそれを回帰させようとするもう一つの傾向を仮定することは、いかなる差異をもたらすのだろうか。破壊についての彼の考察は、とりわけ戦争——そこでは、兵器に関する科学技術《テクノロジー》が人間の破壊性の力を強化する——という条件下での、他者たちの生の破壊可能性に焦点を合わせている。戦争神経症に苦しむ人々は戦争の心的帰結を生きていたのだが、彼らはまた、他者たちに対してのみならず、自分自身に対してもいかに破壊が機能するかをフロイトが考察する機会となった。戦争神経症は、容赦ない反復によって特徴付けられたトラウマ的症候の形で、戦争の苦しみを持続させる。人が爆撃され、攻撃され、包囲される――戦争のあらゆる隠喩が、ポスト・トラウマ的光景において持続するのである。フロイトはこれを、破壊の反復的性格として同定する。患者において、それは社会的隔離という結果をもたらす。より一般的に考察すれば、それは単に、諸社会を団結させる社会的紐帯を弱体化させるだけでなく、最終的に自殺をもたらし得るような自己破壊という形を取ることになる。リビドーあるいはセクシュアリティは、この破壊形式において縮小された、あるいは消滅する役割を持つのであり、社会的紐帯――それなしでは政治的生は不可能であることがわかる――はその直中でずたずたに引き裂かれるのである。

フロイトは『快原理の彼岸』の最後で、あらゆる人間有機体はある意味で自分自身の死を追求する、と主張するだけでなく、この傾向は性欲動には由来し得ない、と主張する。彼の議論によれば、死の欲動の根拠を、性的サディズムに、より一般的にはサドマゾヒズムという現象に見出すことはできない[9]。死の欲動の性化はその破壊性を、フロイトがセクシュアリティの非破壊的目標と見なすものに従属させ得るのであり、死の欲動が優位となり得る――それは、性暴力によって明確に説明される状況である。自己破壊も他者の破壊も、潜在的にはサドマゾヒズムの中で作動し得るのであり、それらはフロイトにとって、性欲動とは異なる欲動が、にもかかわらずそれを通じて機能し得る、ということを示唆している。変化しやすく機会主義的な死の欲動は、完全には、あるいは明示的には自らを知らしめることなく、性欲動を利用する。互いを結び付けようとする欲望で始まる性的関係は、自己破壊の無数の形式によって中断されることになるが、その諸形式は、恋人たちの公認の目的に明らかに逆らうように思われる。明らかに自己破壊的な行為、あるいは人が最も維持したいと望む紐帯を破壊する行為の当惑するような性質はまさしく、死の欲動が性的な生において自らを知らしめる、よくある破滅の一形式である。

『文化の中の居心地悪さ』において、フロイトは再びサディズムを、死の欲動の「代理」として導入している。しかし、彼はこの晩年の仕事で、死の欲動をより明示的に攻撃性と破壊性の概念に結び付けている。これは、死の欲動の第二の、あるいは後期のヴァージョンとして理解することができる。攻撃性は、もはや性的サドマゾヒズムの文脈においてのみ機能するものとは理解されない。というのも、フロイトが述べるように、「私たちはもはや、非性愛的な攻撃性と破壊性の偏在を見逃すことはできない[10]」からだ。フロイトは、ヨーロッパの至る所で好戦性とナショナリズムが拡大し、また反ユダヤ主義が増大していたことを記録している。こうした攻撃性の諸形式は、快や、快に属する満足には結び付いていない。「この攻撃欲動は、エロスと並び立ち、これと世界支配を分け合うと考えられる死の欲動から派生したものであり、その主たる代理である[11]」。たとえ彼がここで「エロス」と「タナトス」と呼ぶものがふつう別々には生起しないとしても、それらは反対の目的を持っている。エロスは社会内部の別々の単位を結合あるいは統合しようとするのであり、諸個人を諸集団へとまとめ上げ、また諸集団をより大きな社会的、政治的諸形態に奉仕するようまとめ上げる。タナトスは、これらの単位を互いに引き離し、また個々の単位をそれ自体から引き離す。従って、社会的紐帯を確立し、構築しようとする行動そのものの中に、同じくらい進んでそれを分解しようとする反対の傾向が存在するのである。すなわち、「私はあなたを愛している」、「私はあなたを憎んでいる」、また「私はあなたなしでは生きられない」、「私はあなたと一緒に生き続ければ死んでしまう」のように。

フロイトは、愛に関するこの問題にアプローチする二つの異なった方法を採用している。一方でフロイトは、彼の仕事全体を通じて、あらゆる愛の関係を構成する両価性について強調している。これは、『トーテムとタブー』の「感情の両価性」の章[12]において明確になっているが、また、愛する者の喪失が攻撃性と結び付いているとする『喪とメランコリー』[13]においても明確である。このモデルにおいて、愛はそれ自体両価的である[14]。他方で、「エロス」のもう一つの名前である「愛」は、感情の両価性の両極における一極しか名指していない。そこには愛と憎悪が存在するのだ。それゆえいずれの愛も、愛と憎悪の両価的布置《コンステレーション》を名指しているのであり、あるいは、それは両極的構造の一極にすぎない。フロイト自身の立場はそれ自体、両義的《アンビヴァレント》であるように見えるのであり、恐らくレトリック的に、彼の主張をさらに証明している。実際、その逆説的定式化は、彼の著述においては決して完全には解消されず、一貫して創造的である。それは晩年の仕事に症候的な仕方で姿を現している。愛はある人を別の人に結び付けるものだが、愛は同時に、それ固有の両価性によって、社会的紐帯を破壊する潜勢力を持つ。あるいは少なくとも、もしそうした社会的紐帯を破壊するのが愛でないとすれば、愛の中に、あるいは愛に結び付いた破壊的力が存在する――その力は人間たちを、彼らが最も愛するものを破壊することをも含む、破壊と自己破壊へと駆り立てるのだ。

フロイトの見解が、愛はこうした破壊性を含むのか、それともそれに対立するのか、という問いをめぐって未決定のままであるという事実は、彼が愛の親密な関係について考えようとする際だけでなく、集団心理学と集団の破壊的潜勢力について考えようとする際にも続く問題の表れである。破壊的能力は、そうした諸集団を団結させる紐帯——一種の破壊的紐帯——の中に見出されるべきなのだろうか。あるいは、それはむしろ、「あらゆる共同体的紐帯を引き裂」く力——社会的諸関係を引き裂く反社会的駆動力——なのだろうか。

心的なものの内部において、こうした社会的紐帯を引き裂くことを何が妨げるのだろうか。フロイトの考えでは、諸集団はその内的紐帯を破壊することもできるし、あるいはその破壊性を別の諸集団に向けることもできる。いずれの破壊性の形式も、批判的能力の抑制によって助長される。それゆえフロイトにとって、彼の集団心理学に関する著作で明らかになる課題は、批判的能力の抑制力を強化することである。時として愛が破壊に対する対抗力として同定されているとしても、別の場合には、最も重要なのはこの「批判的能力」なのである。一九二一年の論考『集団心理学と自我分析』において、「批判的能力」は様々な形の熟慮と反省を描写している。しかしながら、一九二三年の『自我とエス』において、批判的能力は「超自我」、すなわち自我に対して解放される残虐性の一形式と結び付けられるようになる。最終的には、超自我は「死の欲動の純粋培養」と同定されるだろう。その点で破壊の抑制は、自己抑制の熟慮的諸形式を通じて、すなわち、破壊性を自分自身の破壊衝動に対して向けることでなされる。それゆえ、自己抑制は破壊性の熟慮的で反省的な形式であり、破壊的目的の外化に対して向けられる。[15] 換言すれば、破壊衝動の解放に対する抑止——それは、その初期の反覆［iteration］においては「抑制」と描写され得たかもしれない——は、いったんフロイトが超自我を導入すると、残虐性に対して向けられた心的メカニズムとして設定されるのである。超自我の任務は、その破壊的力を自らの破壊衝動に対して向けることだ。この解決の問題点はむろん、他者の破壊を自己の破壊に転換することで、超自我の抑制なき機能は自殺に導き得る、ということである。一方で、「批判的能力」は行動の帰結に注意深いと思われ、侵害的な表現や行動の諸形式を防ぐために表現や行動の形式を監視する。他方でその目的は、死の欲動の表現として、自己そのものを破壊する可能性がある。自己抑止の穏健な形式は、抑制なき自殺的自己叱責へと変化し得るが、それは死の欲動そのものが抑止されないままである場合に限られる。これが意味するのは逆説的にも、人が破壊衝動を抑止するために依拠する批判的審級＝行為能力《エイジェンシー》は、破壊欲動の内面化された道具になり、自我の生そのものを危険に曝す、ということなのである。従って、エロスの自己保存的傾向は、死の欲動に、その破壊的機能に対する抑止として適用されねばならない。もし超自我が、自我の破壊的表現を抑制するために破壊を自我に対して行使するなら、それはまだ密かに破壊を扱っているが、危険に曝されている対象はもはや他者あるいは世界ではなく、自我そのものである。それゆえ批判的能力は、破壊を抑止する際には限定的にしか役立たない。というのも、それは超自我の形式を通じて機能する破壊を抑止することはできないからだ。そのため、対抗的な力、自己保存を追求する力が、より一般的には生の保存を追求する力が必要となる。その力は愛と呼ばれるべきだろうか、それとも、それは躁病なのだろうか。それは脱同一化を伴うのだろうか、それとも、社会の至る所で行われるサディズム的発散から批判的距離を取る、神経症的態度の採用を伴うのだろうか。

フロイトは、超自我理論の発展の一年ほど前に書かれた『集団心理学と自我分析』において、次のように問うている。残虐性の脱抑制が起きるメカニズムとは何だろうか。その働きを私たちはどのように説明すればよいのだろうか。「感情の高まり」は群衆を経由して起きると言うとき、私たちは何を意味しているのだろうか。あるいは、別の状況では表現されないままであるようなある種の情動が群衆において「解放される」とき、私たちはその表現をどのように説明すればよいのだろうか。「解放」とは、欲望は常にそこにあったが、単に抑止されたままであった、ということを意味するのだろうか。あるいは、「解放」は常に構造化されており、それゆえ、それが生じる際に欲望あるいは怒りに形を与えるのだろうか。もし、選出された公人が女性嫌悪《ミソジニー》の新たな高まりを許可したと、あるいは彼が広範なレイシズムを許容したと言う場合、私たちは彼にどのような種類の行為能力《エイジェンシー》を帰するのだろうか。それは初めから存在したのだろうか、それとも彼がそれを存在させたのだろうか。それは何らかの形で存在したのであり、彼の演説や行動がそれに新たな形を与える、ということなのだろうか。いずれの場合にも衝動は、それを「抑圧する」（それを何らかの形で指示し、形成する）力によって構造化されるか、それを「解放する」（先在する抑圧との関係で、それに特定の意味を与える）力によって構造化される。もし私たちが単に水圧モデル――「エネルギー」量は抑制が解除されたときに解放される、という主張――を受け容れるなら、そのとき衝動は、それが抑制されようと表現されようと同じである。しかし、どんな手段によって抑制が実施されるのかが重要だとすれば、また、その手段が抑圧されたものの内容を作り出すとすれば、そのとき、もともと抑制されていた衝動は、単に抑制する力を押しのけるだけではない。むしろ、抑制されていた衝動は抑制する力の形式に対して組織《オーケストレート》された攻撃を行うのであり、その理由、その正当性、その主張の仮面を剝ぎ取るのである。従って、出現する衝動は解釈によって徹底操作されており、それゆえ、禁止あるいは認可のメカニズムに従うべき生のままの、あるいは無媒介のエネルギーは存在しない。この衝動は、抑制を特徴付け、支持してきた道徳的、政治的主張にさかんに異議を申し立ててきた。それは、批判的能力に対して――単に道徳的判断や政治的評価に対してのみならず、それらを可能にする反省的思考の一般的性格に対して――根気強く働きかけてきたのである。衝動は、道徳的自己規制――それ自体、フロイトが「超自我」と呼ぶようになるものの基礎――を一掃し、無化しようとする。超自我へのそうした挑戦に対して、なすべきことは道徳的規制を、とりわけ、自己が自分自身に対して課する規制を強化することであるように見えるかもしれない。しかし、超自我そのものが潜在的破壊力であることがいったん明らかになれば、問題はより複雑になる。

フロイトは、問題を次のように提示している。

> 強すぎる超自我は自我を乗っ取り、まるで個人が備えているありったけのサディズムを我が物としたかのように、容赦ない激しさで自我に対して怒り狂う。［……］今や、超自我の中で支配的になっているのは、死の欲動が純粋培養されたような状態であって、実際、超自我はしばしば、自我を死にまで駆り立てていく。(16)

自己のある部分の容赦ない暴力が他の部分に対して解放されることを、いったい何が抑止するのだろうか。フロイトはこの文を、次のような主張で終えている。自己破壊の成功を妨げるための一つの方法は、自我が「事前に躁病に転化することによってこの暴君から身を守る」ことである。

フロイトはここで、彼の一九一七年の論考「喪とメランコリー」を参照している。その論考で彼は、人あるいは観念を喪失したという現実を用心深く承認することを含意する「喪」と、喪失の現実を承認し損ねることである「メランコリー」を区別しようとしている。メランコリーにおいて、失われた他者は自我の一特徴として(それが体内化されるという意味で)内面化されるのであり、強化された自己叱責の一形式が心的レヴェルにおいて、失われた対象に対する自我の関係を再演する——そして、逆転させる。失われた人あるいは観念に対する非難が、自我そのものに「向け直される」のであり、こうしてその関係は、生きた心内関係として保持されるのである。[17] フロイトはこの試論においてさえ、自我に対して解放される敵意は潜在的に致死的であることを明確にしている。こうして、メランコリー的自己叱責の光景は、超自我と自我という後期局所論のモデルとなるのである。

メランコリーは、二つの対立する傾向から構成されている。第一に、「意識」の署名行為となる自己叱責であり、第二に、失われた対象との紐帯を断ち切り、喪失した対象を能動的に断念しようとする「躁病」である。[18] 対象の「躁病的」で精力的な非難、失われた対象もしくは理念に対する紐帯を断ち切ろうとする自我の強化された努力は、喪失を生き延びようとする欲望、自分自身の生を喪失そのものが要求する生にしたくないという欲望を含意する。躁病とは言わば、抑止なき超自我が自分を破壊してしまうという見込みに対する生物有機体の抗議なのである。従って、もし超自我が死の欲動の延長だとすれば、躁病とは世界と自己に向けられた破壊的行動に対する抗議なのだ。

躁病は次のように問う。「破壊性が自己破壊によって抑止されるという悪循環から出る方法はないのか」と。

極めてしばしば、メランコリーから超自我へと道がたどられるが、対抗する傾向、すなわち躁病が、破壊への異なった種類の抵抗への糸口となるかもしれない。暴君の打倒を目論む躁病的力は、ある意味で、同一化の持続的紐帯と見なされてきたものを断ち切るための有機体の力なのである。有機体とは既に、身体的なものと心的なものが出会う境界概念であって、従ってこれは、反抗的生の純粋に自然主義的な高まりではない。脱同一化は、自己破壊の力に対抗し、有機体そのものの生存を確保する一つの方法である。躁病は、紐帯を断ち切り、暴君と、暴政が要求する服従化とから脱同一化する限りで、批判的機能を引き受ける——それは危機に関与し、危機を解決しようとし、有機体の生を脅かす力の形態から距離を取るのである。超自我とは、フロイトの考えでは心的制度であるが、それは制度として、社会的形式を引き受ける。それゆえ、暴政は心的服従化に依拠しており、同時に、超自我は暴政のような社会的権力の諸形式を取り入れる。批判的機能の闘争は、そこから自らを解放しようとしている破壊性の社会的形式をまさしく再現することなく、自分自身の破壊を実現してきた紐帯と決別することである。それゆえ暴君の批判は、超自我に向けられているが、生を脅かすその「批判」のヴァージョンを再現することのない批判的機能の行使であり、またそうであることができる。

躁病は、解放されれば自我を裁いて死に導くような、抑制されない超自我の自殺的で殺人的な目的に打ち勝つための唯一の希望である。というのも、そうした力によってのみ、暴君と、服従化の構造となった暴君の論理と決別することができるからだ。

もちろん私は躁病を擁護したいわけではないが、それは、権威的で暴政的な支配に反対する反乱的連帯の「非現実的」諸形式を理解するための鍵を提供してくれる、と強調しておきたい。結局のところ暴君とは、権力のネットワークによって支えられた擬人化なのであって、だからこそその打倒は、躁病的、連帯的、段階的になされるのだ。そして、国家の指導者自身が興奮をあらゆる方向にばら撒く暴君的子供であり、メディアが彼の一挙手一投足を大喜びで扱うとき、連帯のネットワークを構築しようとする人々、彼の戦略的な操作不可能的方法への魅了から「逃走」しようとする人々にとって広大な空間が切り開かれるのである。狂った暴君に付き従おうとする人々が彼の意図的な法の無視に同一化し、彼自身の権力と破壊的能力に課されたあらゆる制限の意図的な無視に同一化する限りで、対抗運動は脱同一化に依拠するものとなる[19]。これらの連帯の形式は、指導者への同一化に依拠するのではなく、「生」というシニフィアンの下で機能するが、かといって生気論に還元されることはない、脱同一化への同一化に依拠する。それはもう一つの生、未来の生を意味するのだ。

同一化は一般的に、共感能力《エンパシー》と社会的紐帯の永続化にとって重要だと見なされているが、それはまた破壊的潜勢力をも含意しており、破壊的行為が何の咎めもなく行われることを容認する。様々な形の内面化――時として、あまりに早急に「同一化」と呼ばれる――を考察することも、疑いなく重要である。メランコリーの場合、失われた他者あるいは理念の内面化は、生物有機体そのものを破壊する力を持った敵対性の形を保持し、活性化する。それゆえ超自我は、破壊性の外化を抑止するとしても、それが最も自己破壊的な仕方で、すなわち自殺を通じて抑止するとされる殺人的目的そのものに奉仕し得る、潜在的に破壊的な道具であり続けるのである。この文脈におけるフロイトの道徳的結論は、もし私たちが、いかに致死的なものかを分かった上で、それに代わる外化した表現よりむしろ超自我の暴力を選択しなければ、超自我は常に、暴力の抑止を実行するには脆弱な道具である、というものだ。しかし、生きるための躁病的欲望において明確になる躁病は、もう一つの可能性を私たちに示している。それは行動のためのモデルではない——なすべきことは、あたかもそれが実効的な政治的抵抗の一形式に直接翻訳されるかのように、突然躁病的になることではない。そうではないだろう。躁病は、主体の力を過大評価し、現実との接触を失ってしまう。しかしながら私たちは、現在確立され自然化されている現実から離脱するための心的資源をどこに見出せばよいのだろうか。躁病の「非現実主義」は、現状を受け容れることの拒否を示唆しており、強化された自己叱責の諸形式に抗して闘う者の欲望に依拠し、それを強化する。そうした同様の自己残虐あるいは自己破壊はまた、失敗の社会的連帯に依拠することで、一時的に改善され得る——そうした連帯において、私たちは誰も理念に基づいて生きることはなく、この共有された失敗は、私たちの連帯と平等感覚を基礎付ける。［しかし］そうした超自我の暴力の改善は、ある集団形成がそうした敵意を組織化し抑制することに失敗するとき、一時的なものであることがわかるのであり、また、それは致死的形式を引き受け得る。さらに、外部の敵へのそうした破壊的敵意を動員する集団形成が存在するのであり、そうした点において、生の破壊が、さらには生の大量破壊さえもが可能になるのだ。同一化は、ある集団が自分自身の破壊的潜勢力の外化に依拠した同一化の紐帯を形成するとき、破壊的潜勢力を含意し得る。集団の脱同一化の対象である他者たちは、亡霊的形式――元の集団からの（否認された）借用に依拠したそれ――において、そうした破壊を体現することになる。しかし、同一化はそうした仕方で機能する必要はない。脱同一化は例えば、それが暴政の諸形式と決別する批判的能力の出現を指示するとき、暴政的体制を故意に解体するものと理解された、自分自身の破壊力によって機能する。(20) これは感情の連帯の中で起き得るし、現に起きていることだが、それさえも決して同一化の完全な様態ではない。両価的紐帯は、それでもやはり連携のためには不可欠であり、悩ましい関係から生まれる肯定的かつ破壊的な潜勢力に留意しているのだ。脱同一化は、暴君への魅惑された服従化を妨げるとき、躁病的かつ批判的なのである。

もし超自我が破壊性への唯一の可能な抑止として評価されるとすれば、そのとき破壊性は、主体に回帰し、その存在を危うくする。メランコリーにおいて、敵意は外化されないが、自我は、生ける自我や有機体そのものを破壊する力を行使するような潜在的に殺人的な敵意の対象となる。しかし躁病は、存在したい、執拗に存在したいというこの非現実的欲望を導入する――その欲望は、いかなる知覚可能な現実にも依拠しないように思われ、特定の政治体制内部でそのように存在するいかなる十分な根拠も持たないのだ。躁病は決してそれ自体、破壊の危険な形式になることなく、政治になることはできない。しかしそれは、困難にもかかわらずもう一つの現実を主張し、暴力的体制を解体しようとする連帯の諸様態に、力強い「非現実主義」を導入するのである。

暴力を抑止する

フロイトとアインシュタインは、何が破壊性を抑止するのか、すなわち、死の欲動をもう一つの欲動が克服し得るのか、抑止は意識の強化を必要とするのか、という点に関心を持っている。ほとんどの場合、私たちには二つの選択肢しか残されてこなかった。ある者は、私たちは自分自身と他者たちを、暴力の道徳的嫌悪を教え込む意識形式へと訓育しなければならない、と主張する。別の者は、機械的に持続する死の欲動を制圧するためには、愛の紐帯を育まなければならない、と主張する。しかし、もし意識がナショナリズム的、ファシズム的、レイシズム的であるような社会的紐帯を支持し得るとすれば、私たちはいかにして、暴力を抑止するために意識に依拠することができるだろうか。暴政的権力への服従はしばしば、主体の自己服従化が道徳的命法になるような主体形式を必要とし、強化する。暴政的管理を打破することは、そうした主体形式の解体の危険を冒すことになる――とりわけ、それが超自我の形式に任じられている場合には。もし私たちが、愛を最も強力な力にするために、愛へと振り向き、単にその炎を煽り立てることができるとすれば、それは一つの解決になるのかもしれない。しかし、先に述べたように愛は、その両価性によって定義され、愛と憎悪の間の揺れによって構造化されている。なすべきことは、両価性と共に生き、行為する方法を見つけることだと思われる――そうした方法において、両価性は袋小路ではなく、倫理的な方向性と実践を求めるような内的区分として理解される。というのも、自らの破壊的潜勢力を知る倫理的実践のみが、それに抵抗する可能性《チャンス》を持つだろうからだ。破壊が常にただ外部から到来しているると考える人々は、非暴力が課す倫理的要求を承認し、それを扱うことは決してできないだろう。つまり、暴力と非暴力は、社会‐政治的であると同時に心的な問題であり続けており、それゆえ、その議論に関する倫理的考察は、まさしく心的世界と社会的世界の境界において行われるべきなのだ。

そうした問題そのものは、一九三一―三二年に交わされたフロイトとアインシュタインの往復書簡に現れている。それはまさにヒトラーの政権掌握と、それに続いて彼らがそれぞれオーストリアとドイツから亡命する年の直前に当たる。[21] アインシュタインはフロイトに書簡を書き、人間はどうすれば「戦争の脅威」から解放され得るのか、と問いかけている。[22] アインシュタインは、人類の運命が「権力を切望し」「国家主権のどんな制約にも反対する」「支配階級」の手に握られていることを嘆きつつ、世界大戦が再びヨーロッパを脅かすこの時代に最も重要なのは、フロイトのような「批判的能力」を持った者だと彼に訴える。アインシュタインは、人間の心的な生を構成する諸欲動の中に、戦争を効果的に抑止するのに役立ち得る政治的アレンジメントの基礎は存在するだろうか、と問う。とりわけ彼は、これらの欲動の破壊的力を抑止し得るような結合あるいは法廷を確立することができるだろうか、と問うている。アインシュタインは最初に、問題を破壊欲動だと同定するが、政治制度のレヴェルで問題を提起し、諸国家に対して、戦争の防止と国際安全保障の確保へと関与することを要求する国際機関へと、主権を譲渡するよう求めている。この政治的目標が達成され得るのは、人間が戦争を防止する力を持った国際的権威を構成し、それに従う場合だけである。もしそうした能力を弱体化させる傾向あるいは欲動が存在するとすれば、そのとき、戦争を回避することは恐らく不可能だろう。アインシュタインは、明らかにフロイトを読んだ上で、人間には「憎悪と破壊のための欲求が潜んでいる」のではないか、そしてそれは「集団的精神病の力へと増幅される」ことがあり得るのではないか、と問うている。そして彼は、破壊欲動は抑制され得るのかと問うが、また、人間の実践あるいは制度は、戦争を防止する可能性を高めるようなものへと陶冶され得るのか、とも問うている。彼は、暴力は国家間の戦争の形を取り得るが、また、宗教的熱狂によって動機付けられた内戦の形も、「少数民族の迫害」の形も取り得る、と注記している[23]。

フロイトは、自分にはどんな実践的提案もないと予告しているが、彼の発言は確かに政治的立場を練り上げている。彼の最初の提案は、アインシュタインが法と権力の間で行う区別を、法と暴力の区別に置き換えることだ（「法」はRechtの翻訳で、ドイツ語ではそれは法的命令を表すと同時に、正義をも表す）。フロイトの説明では、人々や集団相互の対立は、伝統的に暴力に訴えることで解決されてきたが、これは集団形成が変化するに従ってあまり頻繁には起こらなくなってきた。彼は、「多くの弱者たちの連帯」が一人の人間あるいは指導者の力に打ち勝ったとき、「暴力から法へと通じる道がたどられた」と注記する[24]。こうして彼は、次のように述べる。「剝き出しの力は団結によって」、あるいは彼が「共同体の権力」と呼ぶものによって「打破される」。彼の考えでは、「ある一人の者の強大な力に、複数の弱者たちの団結が対抗することができた」。そして彼は、その後、次のような考えを練り上げる。「暴力からこの新たな法への移行が実現されるためには、［……］多数者の団結が堅固で持続的なものとならねばなりません」。そのためには、ある心理学的条件が満たされる必要がある。すなわち、「共同体感情の発達こそが［……］その真の力の源です[25]」。

フロイトは『集団心理学と自我分析』の十年後にアインシュタインに書簡を書き、今や、共同体が団結するのは理想的指導者への共通の服従によってではなく、まさしく暴君あるいは権威主義的統治者を打倒し、そうした打倒に続いて共通で実施可能な法や制度を確立する明確な力を通じてである、と推察する。暴君を打倒し、暴君の愛に依拠した愛着と決別するためには、恐らくある種の躁病が必要とされる。躁病は、そうした目標を達成するために必要とされる「共同体感情」と「感情の絆」の中に現れることができるのだろうか。その答えは、私たちが「利害の共同体」をいかに解釈するかに依拠しているように思われる。[26] フロイトの主張は、権力（暴力ではない）は以前よりも大きな連合体へと転化され、集団の構成員はますます解放され、ますます連帯の感情によって行為するようになる、というものだ。アインシュタインは、各国民国家がその主権をより大きな国際機関に譲渡しなければならないと語っていた。フロイトもまた、主権モデルを超えた権力配置を想像している。共同体とその自己統治力が拡大し、個人統治者とはますます異なり、それに対立しさえするものになるにつれて、自己立法され、自己抑制的な一連の法において表現された「連帯の感情」は、破壊性を抑止するための拠り所となる。しかしながら、依然として残る問題は、例えばある党派が別の党派と対抗するとき、あるいは、反乱の権利が国家や、国家主権を抑制する国際機関に対して行使されるとき、暴力が共同体の中に勃発し得る、ということだ。

暴力の制限は、フロイトとアインシュタインの両者にとって、より広い国際主義的枠組みの中での国家主権の制限に一致するように思われる。このような手段は、主権そのものを構成する権力の擬人化を退ける。一九三〇年代初頭において、フロイトとアインシュタインは二人とも、暴力の勃発へと導くナショナリズム的熱狂を理解していたが、その数年後に具体化することになるファシズムとナチズムにおける国家暴力の諸形態を完全に予見することはできなかった。彼ら二人が想像した国際機関あるいは「法廷」は、一九三〇年代初頭の国際連盟によってある程度代理されていたが、その制度はほとんど最高権力の役割を果たさなかった。というのも、国家主権は既存の制度によっては効果的に抑止され得なかったからだ。強制力がないため、そうした組織は戦争を防止するのに必要な主権権力を欠いている。それゆえ結論は、国際関係の利益となるよう主権を譲渡することが唯一の平和への道だ、というものだった。自らを「ナショナリズム的偏見から免れている」と見なすアインシュタインは、国際機関のリスクを引き受ける価値があると考えていた。「国際安全保障を追求することは、各国がその行動の自由、すなわちその主権の一部を完全に放棄することを含意します。他の方法では、そうした安全保障に至ることができないのは明白です」。そして彼は、こうした努力の失敗について、「私たちは疑いなく、強力な心理学的要因が働いていると考えざるを得ません」と述べている[27]。フロイトにとっての問題は、もし連帯感情が暴君に抵抗するとすれば、またそうであるとき、換言すれば、もし連帯感情が抑止されない権力の擬人化的形象への同一化に依拠しないとすれば、どのように連帯感情を理解するのが最善だろうか、というものだった。もちろん躁病は、現実に異議を唱える一つの方法である――だからこそ、それはメランコリーの回路に属している。躁病は、条件付きの生の問題に戻るためにのみ、あたかも条件なき自由であるかのように振る舞う。しかし、何が条件を決定するのだろうか。また、いったん自由を行使するために既存の条件が疑問に付されるとすれば、そこから何が帰結するのだろうか。ある種の束の間のユートピアが垣間見える――もちろんそれは一時的なものだが、だからといって、それは政治的潜勢力を持たないわけではない。

戦争を防止する方法を突き止めようとするフロイトの最後の努力は、集団心理学に関する彼の考察が追求しなかった一連の思考へと彼を導くことになる。彼が探究する第一の道は、ナショナリズムの高揚に対する抵抗を命じている。第二の道は、人間としての私たちの自然の「有機的」基礎に注意を払うよう求めている。最後に彼は、戦争に向かう性向に抵抗するには二つの方法しかない、と強固に主張する。すなわち、「その対抗者であるエロス」を動員すること、そして、同一化の共同体的諸形式を形成することである。[28] こうした目的のためにフロイトは、大衆の進化は、非ナショナリズム的種類の連帯感情を教育、陶冶することによって可能かもしれない、と思弁した。[29] 理想的条件は、共同体の全構成員が自己抑制を行使し、まさに生の保存そのものが共通して尊重されるべき善であることを認識することでそうすること、というものだ。共同体――その構成員は、生の保存の名の下に自己抑制を課すよう等しく義務付けられる――に関するフロイトの理想は、道徳的立場に到達するために超自我による極端な自己非難に依拠しないような、批判的判断と批判的思考のデモクラシー化の可能性を開いている。結局のところ彼は、人間の破壊的諸力は、いかなる政治的アレンジメントもそれを効果的に抑制できないような、欲動の生に書き込まれている、という懐疑的立場に対して説得的応答を示しているのだろうか。一方でフロイトは、社会的紐帯を乱暴かつ思慮なき仕方で引き裂こうとする憎悪（あるいはタナトス）に対して、それに抗して、社会的紐帯を構築し維持する愛の下に結集しなければならず、また、連帯感情を構築し維持する同一化の下に結集しなければならない、と主張する。他方で彼は、愛と憎悪は等しく欲動の構成的次元であり、単にエロスを強化することで破壊性を除去することはできない、と繰り返し強調した。私たちは、生を保存するために（エロスの目的）、時に攻撃的に私たちの生を保護せねばならないだけでなく、自分が強い敵意と殺人的衝動を持つ対象である人々との共生に取り組まねばならない。

同一化とメランコリーについての彼の議論において明白なのは、あらゆる愛情関係が、愛と憎悪の推進力と理解される二つの対抗する方向に押し進められる両価性を含んでいる、ということだ。それゆえ「愛」は、愛と憎悪の対立的関係の一極を名指している。しかしそれはまた、感情的両価性とその揺れ動きとして実現される対立そのものを名指してもいる。「私はあなたを愛しており、それゆえあなたを憎んでいない」と言うことはできるが、愛と憎悪は共に結び付いていると言うこともできるのであり、このパラドックスは、私たちが「愛」という名前の下に包摂するものなのだ。前者の定式化において、愛は両義的ではない。後者の定式化において、愛は両価性を逃れることはない。フロイトにとって愛のより広い概念を構成するこれら二つの定式化の間には、たとえ食い違いがあるとしても、何らかのリズムが存在するのではないだろうか。

そのとき、議論が開かれてはいるが必ずしも追求されてはいない、破壊性と戦争に関するフロイトの考えには、二つの帰結が存在するように思われる。第一の帰結は、加速するナショナリズム的感情の諸形式に対する是正策はまさしく両価的であり、社会的紐帯の「引き裂き」であって、それはその放出と敵意からの――そして、制限的なナショナリズム的枠組みからの――注意深い自己距離化から帰結する、というものだ。人は、国を愛すると同時に、そのナショナリズム的熱狂に異議を唱えることもできるだろう。それは、戦争の可能性に関する批判的考察と、その熱狂に参加することの拒否とに奉仕する仕方で、両価性を始動させるだろう。第二の帰結は、戦争そのものに対する嫌悪を結集することである。フロイトはこの点を、アインシュタインへの書簡の中で、彼自身のレトリックに基づいて、間接的に示している。例えば、彼は次のように述べる。「私たちが共に戦争を憎んでいる理由は［……］、それを憎む以外になすすべがないからです。私たちが平和主義者であるのは、私たちの有機的性格からしてそうであらざるを得ないからです[30]」。

　これは確かに、大雑把で疑わしい主張である。それでは、彼がこのように書くとき、フロイトは何を行っているのだろうか。一方で彼は、死の欲動は私たちの有機的生の「克服不可能な」次元だと語っている。他方で、生への欲動が、生きることへの生気論的欲動――生への脅威そのものを打倒しようとする欲動――が存在するように思われる。私たちの有機的性格の一部のみが、平和主義者であるよう私たちを意志させるのであり、連帯感情――すなわち、破壊の諸力と、暴政的権力への擬人化的魅惑を打倒しようとする感情――を尊重させるのである。それゆえ、彼は実質的に、私たちの有機的性格の平和主義者であり得る部分――もしその部分が破壊衝動を支配し、それを集団的自己保存の目的へと従わせるとすれば――に訴えている、あるいは呼びかけているのだ。

　フロイトは、有機的性格に訴えてその不可欠な平和主義を表明しているが、こうしたことが起き得るのは、「文化の発展」が戦争とその耐え難い性格の感じられた意味《フェルト・センス》に対する怒りを生み出した場合に限られる。従って、まさしく教育された有機的性格のみが、戦争の感覚はもはやスリリングなものではないということを見出すのである。というのも、私たちの誰もが、教育された眼を通じてのみ、戦争が含意する有機的生の破壊を見る――そして想像する――ことができるからだ。そうした破壊とは、人間たちがそれ自体の有機的生に照らして受け容れることに耐えられないとわかる何かなのである。一方で、有機的生こそが私たちを平和主義者にする。というのも、少なくとも私たちの一部は、(死の欲動の支配的影響力の下にない場合には)私たち自身の破壊を意思しないからだ。他方で、私たちが有機的生の破壊の帰結を理解するようになるのは、この破壊を理解、考慮し、そうして破壊そのものへの嫌悪を身につけることを可能にする文化的過程を通じてのみである。結局のところフロイトの望みは、有機的生のもう一つの変動が、生そのものの破壊を目的とした死の欲動に対して最終決定権を持つことであり、有機的生の様々な形式が、生物界中に広がる依存関係を通じて互いに接続されていることを理解するに至ることなのだ。こうして彼の問題は、生物有機体の政治、生物有機体のための政治である――たとえ有機体が時として、死への迂回路あるいは破壊的道によって影響されるとしても。憎悪は決して完全になくなることはないが、その否定的な力は戦争に対する攻撃的立場、すなわち、別の形の破壊に対抗する破壊の形式として焦点化することができる――この考えは例えば、アインシュタイン自身が「戦闘的平和主義」と呼ぶような、平和主義の攻撃的形式と両立するだろう[31]。

ガンディーもまた、次のように述べるとき、彼自身の欲動理論に関与しているように思われる。「私は、破壊の直中においても生は執拗に存在することを知った。それゆえ、破壊の法よりも高次の法が存在しなければならない[32]」。彼はこれを「愛の法」に結び付けてもいる。この「法」がどのような形を取るのであれ、それは法に対するレトリック的呼びかけ、破壊を避けよという嘆願において具体化しているように思われる。それは発見可能な法に依拠するものではないかもしれない。むしろそれは、有機的性格の諸要求のように、非暴力の方向へと人を強制し、説得しようとする政治的かつ倫理的なレトリックなのである——まさしく、暴力の強烈な魅力が示されている場合には。

フロイトの非暴力への呼びかけは、行動が対立する諸方向に引き寄せられる心的、社会的領野においても機能する。暴力に対して課される「法」がどのようなものであれ、それは成文化され得る、あるいは適用され得る法ではない。それは呼びかけそのものを、他者への呼びかけを構造化し、そうした呼びかけが前提としそれを活性化する倫理的紐帯を構造化する。さらに、それが意味するのは、支配との決別や非正当的体制の解体という意味での破壊の場所が存在しない、ということではない。権力の殺人的形式に服従する主体は、自分自身に対してその暴力を行為化し、そうした政治的力を超自我の構造、すなわち暴力の内化された形式として設定するのである。超自我の限界点は、自我と生物有機体そのものの破壊（自殺あるいは殺人）であるが、アインシュタインとの往復書簡の最後でフロイトが想像する攻撃性の形式は、異なった秩序に属している。フロイトが、暴君に打ち勝つ唯一の希望は（多数が主権権力を圧倒するまで、抗議に次ぐ抗議を行う）躁病の動員であると述べるとき、彼は私たちに、権威主義的で暴政的な支配に、また生そのものの破壊をもたらし得る戦争の諸形態に反対する、反乱的連帯の諸形態を垣間見せてくれる。戦争に対して向けられた憎悪は恐らく、主体を暴君から解放する唯一の力である躁病のようなものだろう。両者は、批判的能力の感覚をもう一つの感覚に向けることで、社会的帰属のナショナリズム的、軍国主義的形式と決別するのだ。異議申し立てのデモクラシー化の名において活性化された批判的能力は、戦争に反対し、ナショナリズムの陶酔に抵抗する能力であり、好戦的権威への服従が義務だと主張する指導者に反対する。こうしてフロイトは、連帯感情に依拠した批判的判断力のデモクラシー化を想像している。それは、生を脅かす攻撃性の形式に反対する判断力であり、その批判的表明を含んでいる。もちろん、攻撃性と憎悪はいずれも残存するが、それらは今や、平等を拡大する期待を掘り崩し、私たちの相互接続された生の有機的存続を危険に曝すものすべてに向けられるのである。しかしながら、何事も保証されてはいない。というのも、死の欲動もまた有機的生の一部だと思われるからだ。もし有機的なものが生と死の二元性によって駆動されていることがわかれば、それは別にまったくの驚きというわけではないはずだ。政治的動物として私たちを構成する闘争は、生と死の実践の中で、時に見事なほど決定的な私たちの警戒の努力にもかかわらず、完全に意識的に理解することなく私たちが続ける闘争なのである。

訳註

（i）Sigmund Freud, "Why War?", in *Standard Edition*, vol. 22, pp. 210-211; *Warum Krieg ?*, in *Gesammelte Werke*, vol. XVI, p. 22.［ジークムント・フロイト、「戦争はなぜに」、高田珠樹訳、『フロイト全集』20、岩波書店、二〇一一年、二六七頁］

（ii）Sigmund Freud, *Civilization and Its Discontent*, in *Standard Edition*, vol. 21, p. 86; *Das Unbehangen in der Kultur*, in *Gesammelte Werke*, vol. XIV, p. 445.［ジークムント・フロイト、『文化の中の居心地悪さ』、嶺秀樹・高田珠樹訳、

『フロイト全集』20、九四頁〕本文中に出典の誤記があったため、バトラー氏に確認の上、文章を修正した。

終章　可傷性、暴力、抵抗を再考する

私たちは確実に、無数の残酷さと無意味な死の時代に生きているのであり、それゆえ、多くの倫理的で政治的な問いの一つは次のようなものになる。この暴力を把握するために私たちが用いることのできる表象の様態とはどのようなものだろうか。ある人々は、グローバル機関、地方機関は可傷的諸集団《ヴァルネラブル》を同定し、保護するべきだと言うだろう。私は、より多くの移民たちが国境を越えることを可能にする「可傷性に関する報告書《ヴァルネラビリティ・ペーパーズ》」の急増に反対はしないが、言説や権力の個別的形成がその問題の核心を突くのだろうかと自問している。「可傷的諸集団」に関する言説は父権主義的権力を再生産し、それ自体の利害と強制力を持った統制的機関に権威を与えてしまう、という批判は今ではよく知られている。同時に私は、可傷性の多くの提唱者は、その経験的、理論的仕事においてこの問題そのものを解決しようと取り組んできた、ということにも留意している。[1]

可傷性を再評価し、ケアに場所を与えることは重要であるが、可傷性もケアも政治の基礎として役立つことはあり得ない、ということは明らかだと思われる。私は確かに、一つには、どうやら深刻で周期的だと思われる誤謬可能性を認識することで、より良い人物でありたいし、そうなるよう努力したいと思っている。しかし、私たちは誰も聖人になろうとする必要はない――もしそのことが意味するのが、私たちが自分自身のためにすべての良さを溜め込み、人間の心的なものの弱い次元、あるいは破壊的な次元を外部の行為者たち、すなわち「私でない」領域に住む者たち、私がそこから脱同一化するような者たちに追放する、ということだとすれば。もし私たちが、例えば「ケア」の倫理あるいは政治によって、持続する葛藤なき人間の心的傾向《ディスポジション》がフェミニズムにとっての政治的枠組みをもたらし得るし、もたらすべきだ、ということを意味するとすれば、そのとき私たちが参入したことになるのは、私たち自身の攻撃性はその説明から削除され、他者たちに投影されてしまう、という分岐的現実である。同様に、もし私たちが可傷性を新たな政治の基礎として確立し得るとすれば、それは簡単で効果的だろう。しかしそれは、一つの条件と見なされれば、他の諸関係から分離されることも、基盤の役割を果たし得る現象になることもあり得ない。例えば誰が、可傷的条件に固執することなく可傷的であるだろうか。さらに、もし私たちが、可傷性という条件の中で、そうした条件そのものに抵抗する人々について考えるとすれば、その二重性をどのように考えればよいのだろうか。

私が示唆したいのは、問題は可傷的な生物として団結することでも、主として可傷性に同一化する人々の階級を形成することでもない、ということだ。体系的な仕方で暴力に曝される人々や共同体を描写する際に、彼らを「可傷的なもの」と要約するなら、私たちは彼らを正当に扱っているのだろうか。彼らの闘争の尊厳を尊重しているのだろうか。人権活動の文脈において、「可傷的人口《ポピュレーション》＝住民」というカテゴリーは、保護とケアを必要とする人々を含んでいる。もちろん、食物や住居のような人間の基本的必需品を欠いた人々のみならず、移動の自由や法的市民権が拒絶された

――犯罪とは見なされないとしても――人々の状況を公的に意識化することは、決定的に重要である。実際、ますます多くの難民が、極めて多くの国民国家やトランスナショナルな国家組織――むろんヨーロッパ連合を含む――によって遺棄されてきた。また、国連難民高等弁務官は、世界中に約一千万人の無国籍者が存在すると評価している。[2] 私たちはまた、こうした仕方で、ラテンアメリカにおけるフェミサイド［feminicídio］の犠牲者（年間ほぼ三千人にのぼり、とりわけホンジュラス、グアテマラ、ブラジル、アルゼンチン、ベネズエラ、エルサルバドルで特に高率である）についても語っている。この語は、多くのトランス女性を含む、女性化されたために残酷な仕打ちを受けたり、殺されたりしたすべての人々を含んでいる。[3] 同時に、ニ・ウナ・メノス［「もう一人の女性も犠牲にするな」］運動[1]は、ラテンアメリカ（そしてスペインとイタリア）の至る所で百万人以上の女性を動員し、街頭《ストリート》に赴きマチスタ的暴力に抗議した。ニ・ウナ・メノスは、女性、トランス、トラヴェスティ共同体を組織して、学校、教会、労働組合に入り込み、経済的階級、様々な地域共同体を超えて女性たちを結び付け、女性とトランスの人々の殺人に、また差別、暴行、制度的不平等に反対したのである。

フェミサイドによる死はしばしば、扇情的ストーリーとして報告され、その後、束の間の衝撃が走る。そして、それは再び起きる。そのときもちろん恐怖が存在するが、それは必ずしも、集団的怒りを焦点化させる分析や動員には結び付いていない。この暴力の制度的特徴は、そうした犯罪を犯す男性たちが人格障害あるいは特異な病理的条件に苦しんでいるとされると、消去されてしまう。同じような消去は、死が「悲劇的」――あたかも世界の対立する諸力が不運な結末に導くかのように——と見なされるときにも起きる。コスタリカにおいて、社会学者のモンセラート・サゴは、女性に対する暴力は、社会全体における男女間の制度的不平等を焦点化するだけでなく、独裁権力と軍事的暴力の遺産の一部であるようなテロの形式を明示している、と論じた[4]。残酷な殺人の免責は、支配、テロ、社会的可傷性、絶滅が通常の基礎の上で行われてきたという暴力的遺産を持続させる。彼女の考えでは、こうした殺人を個人的性格、病理、さらには男性的攻撃性によって説明してもうまくいかない。むしろこれらの殺人行為は、社会構造の再生産との関係において理解されるべきなのだ。彼女はさらに、それらは性差別的テロリズムの極端な形式として記述されるべきだと主張している[5]。

サゴにとって、殺人とは最も極端な支配形式であり、差別、ハラスメント、暴行を含むそれ以外の形式は、フェミサイドと連続したものとして理解されるべきだ。これは因果的議論ではなく、あらゆる支配形式は潜勢力としてこうした致死的帰結の前兆なのである。性的暴力は死の脅威を伴っており、極めて頻繁にそうした約束を果たす。

フェミサイドは部分的に、トランス女性を含むあらゆる女性は殺害され得る、という恐れの風潮を確立することで機能する。そしてこうした恐れは、とりわけブラジルにおいて、有色の女性や有色のクィアの間に作り上げられている。生きている者たちは自分自身をまだ生きていると、こうした周囲の脅威にもかかわらず生きていると理解し、潜在的危険の雰囲気の中で耐え、生きている。そうした風潮の中で生き続ける女性たちは、ある程度、こうした殺人行為の蔓延と免責によって恐怖支配《テロライズ》されているのだ。彼女たちは、そうした運命を避けるために男性に従属するよう仕向けられるのだが、それが意味するのは、彼女たちの不平等や従属の経験は既に、彼女たちの「殺し得る」地位に結び付いている、ということだ。「従属か死か」は誇張的な命令のように思われるかもしれないが、それは、多くの女性たちが自分に向けられていると知っているメッセージである。この恐怖支配の権力は、極めて頻繁に、起訴を拒否し、こうした行為の犯罪的性格を認めない警察、司法システムによって支持、支援、強化される。時として、敢えて法的告訴を行おうとする女性たちに対して再び暴力が加えられ、そうした勇気と根気の表明を罰するのである。

殺人とはこのシナリオにおいて明確に暴力的な行為だが、もし犯罪を問題にしない人々、被害者を非難する人々、あるいは免責の意図を持って殺人者を病理化する人々がいなければ、これほど急速かつ急激に再生産されることはないだろう。実際、免責は法的構造の中に極めて頻繁に構築されるものであり（それは、地方当局が米州人権裁判所の介入に抵抗する一つの理由である）、それが意味するのは、報告書を受け取ることの拒否、報告書を作成する人々に対する脅迫、犯罪を認めることの怠慢が、こうした暴力を永続化させ、殺人の許可を与えている、ということだ。こうした場合、私たちは暴力を、行為に位置付けねばならないと同時に、また女性の――そして女性化された人々――の社会的支配によって示される予示に位置付けねばならない。暴力は一連の法的拒否において、また暴力をそれとして認識することの怠慢において起きる。報告が存在しないことは、犯罪が、処罰が、償いが存在しないことを意味するのである。

もしフェミサイドが性的テロを生み出すこととして理解されるとすれば、そのときこれらのフェミニズム闘争とトランス闘争は単に（そうあるべきであるように）互いに結び付けられるだけでなく、クィアの人々の闘争、同性愛嫌悪《ホモフォビア》と闘う人々の闘争、不均衡に暴力や遺棄の標的とされる有色の人々の闘争にも結び付けられる。もし性的テロが支配にだけでなく絶滅にも結び付けられるとすれば、そのとき性的暴力は、抑圧と抵抗闘争の複雑な歴史の濃密な場を構成する。これら各々の喪失がいかに確実に個人的であり恐ろしいものであるにせよ、それらは女性たちを哀悼不可能だと考えてきた社会構造に属している。暴力行為は社会構造を行為化し、社会構造はそれを明示し再生産するそれぞれの暴力行為を超出する。これらは起きるべきではなかった喪失であり、それは決して再び起きるべきではない。もう一人の女性も犠牲にしてはならない《ニ・ウナ・メノス》。

私の例は、これらの暴力行為の歴史的固有性を公平に扱うものではないが、それは恐らく、私たちが次々に起きる殺人を孤立的で恐ろしい行為以上のものと理解しようとする際に有益であり得るような、一連の問いを導入するだろう。この現実のグローバルな全体像と説明を作成せよという倫理的で認識論的な要求は、合州国の監獄と街頭で起きている殺人――それはしばしば、その場で法を作る警察の責任である――を含むべきだろう。右翼ポピュリストによる新たな権威主義、新たなセキュリティ原理や、治安部隊、警察、軍隊（そしてますます公共空間を監視するように見えるこれら三つの特定の結合）にとっての新たな権力の容認は、それら致死的諸制度が「人民」を暴力から「守る」ために必要だと想定する。しかしながら、そうした正当化は、単に警察権力を拡大し、周縁にいる人々をますます強固になる抑制と規制の監獄戦略に服従させるだけなのだ。

そのとき、女性、クィア、トランスの人々、有色の人々を否定するような、（より一般的には）彼らのネットワーク、彼らの理論や分析、彼らの連帯や、効果的抵抗を行う力を否定するような犠牲階級を作り出すことなく、こうした死政治《ネクロポリティクス》的標的化の諸形式を名付け、それに対抗する方法は存在するのだろうか。警察は暴力に反対する人々を「保護」しようとし、そうした保護の名の下で監獄権力を拡大しようとする。私たちは、「可傷的諸人口」について語る際に、同じことを意図せず行っており、こうしてなすべき課題は、彼らをそうした可傷性から解放することになるのだろうか。この課題は、そうした救済をもたらそうとする組織や機関によって引き受けられる。不安定性《プレカリティ》からの救済は良いことだが、そうしたアプローチは、諸人口を生存不可能な不安定性《プレカリティ》に置く暴力の構造的諸形式、経済を把握し、それらに対抗しているのだろうか。なぜ「私たち」は、言わば連帯のネットワークに参加し、可傷的であると同時に闘争してもいる人々と共に社会的支配と暴力のそうした諸形式に対抗するために、父権主義的選択を放棄しないのだろうか。いったん「可傷的なもの」がそれとして構成されれば、彼らは依然として彼ら自身の力を維持し行使すると理解されるのだろうか。それとも、すべての力は可傷的なものの立場から消失し、父権主義的ケアの権力が今や介入を義務付けられたものとして再浮上するのだろうか。

　もし、これらの可傷的と見なされた人々の状況が、実際はこうした同じ歴史的状況の下で現れる可傷性、怒り、執拗さ、抵抗の集合《コンステレーション》であるとすればどうだろうか。可傷性をこうした集合《コンステレーション》から抜き取ることは同様に賢明ではないだろう。実際、可傷性は社会的諸関係を横断し、それを条件付けているのであり、そうした洞察なしに、望まれる実質的平等を実現する見込みはほとんどない。可傷性は受動性とのみ同一化されるべきではない。それは、一連の身体化された社会的諸関係に照らしてのみ意味をなすのである。身体化された社会的な諸関係と諸行動の一部として可傷性を捉えることは、抵抗の諸形式が実際にどのようになぜ現れるのかについて私たちの理解を助けてくれる。支配は必ずしも抵抗を伴うわけではないにせよ、もし私たちの力の枠組みが、可傷性と抵抗がいかに共に機能し得るかを把握することに失敗するなら、私たちは、可傷性によって切り開かれる諸々の抵抗の場を同定できない恐れがあるのだ。

とはいえ明らかなのは、拡張されたヨーロッパ国境に沿って生起してきた剝奪と死の組織化された性格は途方もないものであり、移民とその協力者たちの抵抗は、たとえ散発的なものであれ決定的なものだ、ということである。二〇一七―一八年のみで、約五千四百人が地中海を越えようとして命を落とした。この中には、海を越えて移動しようとした多数のクルド人が含まれている。[6] シリア人権ネットワークは、二〇一九年三月の蜂起八周年記念日に民間人の犠牲者が二二万一千一六一人に達した、と報告している。[7] 剝奪と死に備えた諸人口の組織化をどのように名付け、理解するかという問いを提起するために、フェミサイドに加えて、私たちが依拠可能な多くの事例が存在する。それは、トルコ国境に集まるシリア人とクルド人の残酷な扱い、ヨーロッパと合州国における反ムスリムレイシズム、そして、使い捨て可能な人々――死に瀕している、あるいは既に死んでいると見なされる人々――という概念を作り出すその反移民、反黒人レイシズムとの収束を含むだろう。

同時に、インフラストラクチャー的支援《サポート》を失った人々は、ネットワークを展開し、予定表を伝達し、国境を越えるために彼らの有利になるよう地中海における国際海洋法を理解し、利用しようとした――航路を計画するために、また、設備を供給するアナーキストと共に空き家となったホテルを占拠するといった、様々な種類の支援を提供できるコミュニティと接続するために。ヨーロッパの国境に沿って集まる人々は必ずしも、政治哲学者ジョルジョ・アガンベンが「剝き出しの生」と呼ぶものではない――つまり、私たちは彼らの苦しみを、彼らからさらにあらゆる能力を剝奪することによって認識することはしない。むしろ彼らはほとんどの場合、困難な状況にある。社会性の諸形式を即興で作り、携帯電話を用い、可能な場合は計画して行動を起こし、地図を作成し、言語を学ぶ。しかし極めて多くの場合、これらの活動は必ずしも可能ではない。行為能力《エイジェンシー》があらゆる機会に妨害されるときでさえ、そうした妨害そのものに抵抗する手段、暴力の力場に入りその持続を止める手段はまだ残されている。彼らは、書類を、移動を、入国を要求するとき、必ずしも自らの可傷性を乗り越えてはいない――彼らはそれを明示し［*demonstrating it*］、それによって意思表示を行っている［*demonstrating with it*］。そのとき起きているのは、可傷性が強さへと奇跡的あるいは英雄的に変容するという事態ではなく、支援された生のみが生として存続し得るという要求の分節化なのだ。時として要求は身体によって、人が警察権力に曝される場に現れ、移動を拒否することを通じてなされる。携帯電話によって撮影された嘆願者の映像は、現働的な生を潜在的に擁護し、それはいかに生がその潜在的流通に依拠するかを示す。身体は、主張のための諸条件が確立され得るときにのみ、すなわち、その断固たる公的な指示的意思表示《デモンストレーション》によってのみ、「これが生だ」と主張することができるのだ。

　例えば、ドイツの新聞『デイリー・レジスタンス』を考えてみよう。それは現代ペルシャ語、アラビア語、トルコ語、ドイツ語、フランス語、英語で発行されており、あらゆる難民キャンプの廃止、居住義務［Residenzpflicht］（難民の移動の自由を狭い範囲に制限すること）というドイツの政策の廃止、あらゆる国外追放の停止、難民が労働し勉強することの許可といった一連の政治的要求を定式化した、難民たちによる記事を含んでいる。(8) 二〇一二年、ヴュルツブルク市の数名の難民たちは、政府が彼らに応答することを拒否したという事実に抗議して、彼らの口を縫い合わせた。そうした意思表示は幾つかの場所で繰り返され、最近では二〇一七年三月にフランスのカレーでイラン人移民によって、彼らのキャンプの破壊と撤去を前にして行われた。広く共有された彼らの考えは、政治的応答がなければ難民たちは声を欠いたままである、というのも聞かれることのない声は登録されず、従って政治的な声ではないからだ、というものだ。もちろん彼らは、こうした提案的形式で自らの要求を行っているわけではない。しかし彼らは、自らの要求の記号と内容として、声を消すという読解可能で可視的な身振りを通じて主張を行ったのだ。縫い合わされた唇のイメージは、要求を声で述べることができず、それゆえ声なき要求を行っている、という事態を示している。それは、可聴性に課された政治的限界について主張するために、視覚的イメージにおいて自らの声の欠如を提示する。ある意味で、私たちは再び、自らの力と同時にその力に課された限界を主張する、演劇的政治の一形式を見ているのである。

トルコからのもう一つの例は、エルドアン政権の民営化政策と権威主義に反対する抗議運動の一部をなす、二〇一三年六月タクシム広場の「スタンディング・マン」である。スタンディング・マンとはパフォーマンス・アーティストのエルデム・ギュンデュツであり、彼は、集団抗議行動の直後に発せられた、集会を行うな、集会で他者と話すな、という国家命令に従った——このエルドアンの命令は、移動、集会、言論の自由という、デモクラシーの最も基本的な前提を掘り崩そうとするものである。そのため、一人の男が、命令された距離をもう一人の人から取って立ち、その人は命令された距離をさらにもう一人の人と取って立った。法的には彼らは集会を構成していなかったのであり、誰も話したり動いたりしなかった。彼らが行ったのは、何百という人々が完璧な命令の遵守を遂行＝上演《パフォーム》すること、互いに適切な距離を取って広場を満たすことだった。彼らは、自分たちが生きている禁止を効果的に明示《デモンストレート》し、それに従うと同時にそれをカメラの前に展示《ディスプレイ》したのであり、そのことを完全に行うことは禁止できなかった。明示《デモンストレーション》は少なくとも二つの意味を持っている。禁止は身体的に示され、具現化され、行為化され――禁止は文字化され――、また抵抗され、反対を意思表示《デモンストレート》されたのである。そうした明示＝意思表示《デモンストレーション》は携帯電話のカメラ――言論と移動の禁止を逃れたテクノロジー形式――によって切り開かれた視覚的領野において、それによって作り上げられた。その遂行＝上演《パフォーマンス》はこうして、同じ行動において、それを通じて、禁止に従うと同時に禁止に反抗した。それは、自分自身の服従化を明るみに出すと同時にそれに抵抗するという、服従化された主体の錯綜した立場を示している。

　これらの事例では、服従化された者の生きた性格もまた前面化されている。これは、公的領域で現れと言論を剝奪された、自らの服従化に差し押さえられた生ではないだろう。これは生きた生であろうし、そうした二重化は、それがまだ消去されていないこと、それが自分自身の生きた性格のために主張と要求を続けることを意味している。「私はそう簡単には消えない」、あるいは「私が消えても、そこから抵抗が育つような力強い痕跡が残るだろう」と述べる諸身体は、公的でメディア的な領域の中で、その哀悼可能性を効果的に主張している。彼らは、明示＝意思表示《デモンストレーション》の文脈において自らの身体を曝すことで、どの身体が勾留、国外退去、あるいは死の危険に曝されているかを知らしめた。というのも、身体化された遂行《パフォーマンス》＝上演は、暴力への固有の歴史的曝されを前面化するからだ。それは、自分自身の遂行《パフォーマティヴ》＝上演的で身体化された執拗さによって、賭けと要求を行う。注目しておきたいのは、この要求を行っているのが身体の直接性ではなく、社会的に統制され遺棄された身体、そうした統制に固執し抵抗し、読解可能な言葉でその存在を主張する身体である、という点だ。[9] それは自分自身の直示として行為し、自らの状況を含意する身体を指示し、行為化する。この身体、これらの身体、これらは暴力に曝され、消滅に抵抗する身体なのだ。これらの身体はまだ存在しており、言い換えればそれらは、固執する力そのものが体系的に掘り崩されるような諸条件の下で執拗に存在している。

この執拗な存在は、英雄的個人主義ということでも、未知の個人的資質を深く掘り下げるということでもない。執拗に存在するその身体は、個人の表現でも集団的意志の表現でもない。というのも、もし私たちが、身体とは何か（これは差し当たり存在論的主張である）の一部は他の諸身体への――それが一部であるような生きた過程への、それがまた貢献しもする支援のネットワークへの――依存において生起する、ということを受け容れるとすれば、そのとき私たちが示唆しているのは、諸個人の身体を互いに完全に別個のものと考えることは完全に正しいわけではないし、それらを完全に区別なく結合したものと考えることもまた正しくないだろう、ということだからだ。私たちは、人間身体の政治的意味を、それが生き、繁栄する場である制度、実践、関係の文脈において概念化しなければ、なぜ殺人は容認不可能なのか、なぜ遺棄に抵抗すべきなのか、なぜ不安定性《プレカリティ》は緩和されるべきなのかを最良の仕方で説明することに失敗してしまう。それは単に、あれこれの身体は諸関係のネットワークと密接に関係している、ということではなく、境界は閉じ込めると同時に結び付ける、ということなのだ。身体は、恐らくまさにその境界のおかげで、それ自体の生と行動を可能にする物質的で社会的な世界から差異化され、またそれに曝されているのである。生のインフラストラクチャー的条件が危険に曝されるとき、生も危険に曝される。なぜなら、生は単に外的支援としてのみならず、生そのものに内在する特徴として、インフラストラクチャーを必要としているからだ。これは、私たちが危険を覚悟せず否定することができない、唯物論的要点である。

批判的社会理論は、社会的諸関係について考える方法が生と死を前提とする仕方を常に考慮してきたわけではない。というのも、生と死はいずれも社会的に組織化されており、私たちは生きることと死ぬこととの社会的諸形式を記述することができる、と述べることは重要なことだからだ。それはもちろん重要な仕事である。ただし、もし私たちがそうした議論において「社会的なもの」が何を意味するかを考慮しないなら、死の脅威と生の約束がどのようにいわゆる「社会的」諸関係の構成的特徴をなしているのかを理解することはできないだろう。それゆえある意味で、私たちの構築主義の性格は、ここで問題となる生と死の問題——つまり、身体的存続の問題、身体的存続には常に条件が存在する、という問題——を把握するために、変化しなければならない。身体的存続にとってのこうした条件が実現されなければ、存続が脅かされることになるのだ。

もし「身体に」存続する権利があるとすれば、それは、諸個人が彼らの社会的条件を犠牲にして維持するような権利ではない。個人主義は可傷性、曝され、さらには依存の条件を捉え損ねている。

そうした条件は権利そのものが前提とするものであり、言わば、身体——その境界はそれ自体が問題含みで、かつ刺激を受けやすい社会的諸関係である——に対応している。衰え、滅びる身体が支援のネットワークによって捕捉されるどうか、移動する身体が障害物のない舗装された道を持つかどうかは、世界が重力と移動可能性のために構築されているかどうか——そして、その世界は構築されたままであり得るかどうか——に依存する。そもそも、皮膚とは諸要素に曝される仕方だが、その曝されは既に社会的形式を取る。そして、その曝されをめぐって作られるのは、既に社会的に組織された関係、すなわち住居《シェルター》、十分な衣服、保健サービスへの関係なのである。もし私たちが身体の最も本質的なものを、剝き出しの諸要素、あるいはさらに剝き出しの生に還元することで見出そうとするなら、その最も基本的な必需品のレヴェルにおいて、社会的世界は既にその光景を構造化している、という事実を見出すことになる。それゆえ、可動性、表現、保温、健康という基本的問題は、身体を社会的世界へと関係付ける——そこでは、諸々の通路は異なった仕方で舗装されており、開かれていたり閉じられていたりするのであり、衣服の様態や住居のタイプは、多かれ少なかれ入手可能、利用可能であり、あるいは暫定的なものである。身体は、その存続、維持、繁栄に関係した社会的諸関係によって、恒常的に定義されるのである。

人間の生と結び付いた繁栄は、非人間的生物の繁栄と結び付いている。人間の生と非人間の生は、それらが現にそうであり、共有し、必要とする生の過程のおかげで結び付いてもおり、あらゆる分野の学者や知識人が十分注意するに値する世話《スチュワードシップ》について、あらゆる種類の問題を提起している。暴力的行動からの防衛においてしばしば用いられる自己保存という政治的概念は、自己の保存が地球の保存を必要としており、私たちは自己維持的存在としての地球環境の「中に」いるのではなく、地球が存続する限りにおいてしか存続しない、という点を考慮していない。人間にとって当てはまることは、生の持続のために無害な土壌ときれいな水を必要とするすべての生物にとっても当てはまる。[10]もし私たちの誰かが生存し、繁栄し、良い生を送るよう試みるべきだとすれば、それは他者たちと共に生きられた生であろうし、そうした他者たちなしではいかなる生も存在しないような生であろう。私はこうした条件下にあるこの「私」を失うことはないだろう。むしろ、もし私が幸運で、世界が正しければ、私が誰であれ、私は他者たちとの結び付きによって、私を変化させ維持する接触の諸形式によって、絶え間なく維持され変容させせられるだろう。

二者間の関係は、物語の一部――出会いによって例示され得るような部分――しか語っていない。この「私」は、生存し繁栄するためには「あなた」を必要とする。しかし、「私」と「あなた」は支持的世界を必要とする。こうした社会的諸関係は、私たちが互いに引き受ける非暴力のより広い包括的義務を考えるための地盤として機能し得る。つまり、私は幾らかの人々と共生することなく生きることはできないのであり、破壊の潜勢力は変わることなくまさにそうした不可欠な関係に存している。一つの集団が別のそうした集団と共生することなく生きることはできない、ということは、自分自身の生が既に何らかの意味で他者の生である、ということを意味している。そしてそのとき、もはや国家に属していない人々、あるいは自らの領土的基礎を失い、それが爆撃され、略奪された人々がますます多く存在するのだ。どんなカテゴリーであれ、曖昧な仕方でその諸関係の中に自らを保持していたカテゴリーから追放された人々は、彼らが話し始めたばかりの新たな言語の中に耐え難い喪失を繰り越して、概略的に「無国籍者」、「移民」、あるいは「現地人」と分類されるのである。

地政学的暴力のあらゆる領域に私たちを潜在的に結び付ける紐帯は、気付きにくく脆いものであり、父権主義と権力を帯びているが、同時に、暴力の優越性と必要性に異議を唱える連帯の横断的諸形式を通じて強化することができる。執拗に存在する連帯の感情は、私たちの連携の横断的性格、翻訳の絶え間ない要求、その失敗――その我有化と消去を含む――を徴し付ける認識的限界を受け容れる感情である。可傷性を主体の属性としてではなく、社会的諸関係の特徴として認めることは、可傷性が政治的行動のためのアイデンティティ、カテゴリー、あるいは基盤であることを含意しない。むしろ、可傷性という条件に固執することはそれ自体強さであることがわかるのであり、それは非可傷性の達成として強さを擁護することとは区別される。後者のような支配の条件は、対抗すべき支配の諸形式を再現するのであり、連帯と変革的連携を生み出す感受性と伝染力を低く評価している。

同様に、非暴力を受動的で役に立たないと考える偏見は暗黙に、男性性が能動性を、女性性が受動性を意味するとするジェンダー化された属性分割に依拠している。これらの価値のいかなる再評価も、そうした二元的対立の欺瞞を打破することはないだろう。実際、非暴力の力、その強さは、自らの真の名前を常に隠蔽する暴力形式への抵抗の様態の中に見出されるのだ。非暴力は、国家暴力がそれ自体を黒人、褐色の人々、クィアの人々、移民、ホームレス、異議申し立てを行う人々から守る――あたかも、一緒のものと捉えられた彼らが、「セキュリティ上の理由」から、勾留、投獄、あるいは追放すべき極めて多くの破壊者であるかのように――という計略を明るみに出す。ガンディーが考えていた「魂の力」は、まさしく存続の条件そのものを攻撃するような条件下にある身体化された立場、身体における生き方や存続の仕方から決して完全に切り離すことはできなかった。時として、社会的諸関係の苦しみの中で存在し続けることは、暴力的権力を究極的に打倒することなのである。

非暴力の実践を、破壊的暴力から区別される力あるいは強さ――抵抗と執拗な存在の連帯的連携の中で明白になるようなそれ――と結び付けることは、非暴力を弱く役に立たない受動性と特徴付けることに異議を唱えることである。拒否とは、何もしないことと同じではない。ハンガー・ストライキは囚人の身体を再生産することを拒否し、投獄された者の存在を既に攻撃している監獄権力を告発する。ストライキは「行動」には見えないかもしれないが、搾取の資本主義的形式の持続のために不可欠な労働を中止することで、自らの力を主張する。市民的不服従は単なる忌避のように見えるかもしれないが、合法的システムが正当でないという判断を公にする。それは、法律外の判断の行使を必要とするのである。人々の立ち入りを禁止するために設計されたフェンスや壁に穴を開けることはまさしく、自由――既存の法的体制がそれ自体の諸関係の内部で与え損ねている自由――の法律外的主張の行使である。人口全体に対して植民地的規則を持続し、剝奪、追放、公民権剝奪を強化するような体制をボイコットすることは、体制の不正義を主張することであり、その犯罪性を正常なこととして再生産することを拒否することである。

非暴力が、保存に値する生と不必要と見なされた生を区別する戦争の論理を逃れるためには、平等の政治の一部とならなければならない。それゆえ、現れの空間への介入——メディアと、公的領域のあらゆる現代的変形——は、あらゆる生を哀悼可能なものに、すなわち自分自身の生に値するもの、自分自身の生にふさわしいものにする必要がある。あらゆる生が哀悼可能であるよう要求することは、あらゆる生は暴力、制度的遺棄、あるいは軍事的抹殺に服することなく自らの生に固執できるべきだ、と述べるもう一つの方法である。黒人や褐色の人々の共同体に対する警察暴力、移民に対する軍事暴力、反体制派に対する国家暴力を極めて頻繁に正当化する致死的《幻像《ファンタスマゴリア》》の図式に対抗するためには、新たな想像力が必要となる——すなわち、諸々の生の相互依存を把握する平等主義的想像力が。それは非現実的で無益なものかもしれない。しかし、それはもしかすると、国家暴力を再生産する道具的論理や人種的《幻像《ファンタスマゴリア》》に依拠しないもう一つの現実を存在させる方法かもしれないのだ。そうした想像力の「非現実主義」はその力である。それは単に、そうした世界では、各自の生は他者の生と平等なものとして扱われるに値するだろう、あるいは、各自は生き、反映する平等な権利を持つだろう、ということではない——もっとも確かに、これら二つの可能性は肯定されるべきではあるが。さらなる一歩が必要だ。「各自」とはそもそも、他者に委ねられており、社会的で、依存的である。ただし、生にとって必要なこの依存が搾取なのか愛なのかを知るための固有の手段は存在しない。

私たちは、有意義な連帯に関与するために互いを愛する必要はない。批判的能力、批判そのものの出現は、連帯の厄介かつ貴重な関係と結び付いており、そのとき私たちの「感情」が、それを構成する両価性《アンビヴァレンス》を導くのである。私たちは常にばらばらになり得るのであり、だからこそ私たちは共にいようと努力する。そのときにのみ、私たちは批判的共同性《コモンズ》に固執するチャンスを持つのだ。つまり、非暴力が生きたいという他者の欲望への欲望になるときに、言い換えれば、「あなたは哀悼可能だ。あなたを失うことは耐え難い。私はあなたに生きてほしい。私はあなたが生きたいと思ってほしい。だから私の欲望をあなたの欲望と解釈してほしい。なぜなら、あなたのものは既に私のものなのだから」という欲望になるときに。「私」はあなたではないが、それは「あなた」なしでは思考不可能な――世界喪失的な、持続不可能な――ままに留まる。それゆえ私たちは、捕われているのが怒りであれ愛であれ――怒り狂う愛、戦闘的平和主義、攻撃的非暴力、ラディカルな固執であれ――、死者を忘れることなく生者と共に生きることができ、悲しみと怒りの直中で存続を、運命の影の中で集団行動の厳しく厄介な道筋を明示できるような仕方で、この束縛を生きることを望もうではないか。

訳註

（ⅰ）Ni Una Menos（「もう一人の女性も犠牲にするな」）運動とは、一四歳の少女が交際相手の男性に殺害された事件を契機として、ジェンダーに基づく暴力、「女性であることによる殺害（フェミサイド）」に抗議すべく、二〇一五年にブエノスアイレスで始まり、南米とスペインで広範に展開されたフェミニズム運動のこと。

原註

序章

（1）以下を参照。"The Political Scope of Non-Violence," in Thomas Merton, ed., *Gandhi: On Non-Violence*, New York: New Directions, 1965, pp. 65-78.

（2）非暴力行動の概観として、以下を参照。Gene Sharp, *How Nonviolent Struggle Works*, Boston: The Albert Einstein Institution, 2013.

（3）Chandan Reddy, *Freedom with Violence: Race, Sexuality, and the US State*, Durham, NC: Duke University Press, 2011.

（4）警官によるアフリカ系アメリカ人の「正当な」殺人に関する統計として、以下を参照。"Black Lives Matter: Race, Policing, and Protest," Wellesley Research Guides, libguides.wellesley.edu/blacklivesmatter/statistics.

（5）"Gezi Park Protests 2013: Overview," *University of Pennsylvania Libraries Guides*, guides.library.upenn.edu/Gezi_Park.

（6）"Academics for Peace," Frontline Defenders official website, frontlinedefenders.org/en/profile/academics-peace.

（7）逆説的な定式化を含む、抵抗についての詳細な議論として、以下を参照。Howard Caygill, *On Resistance: A Philosophy of Defiance*, New York: Bloomsbury, 2013.

（8）Elsa Dorlin, *Se défendre: Une philosophie de la violence*, Paris: La Découverte, 2017.

（9）Ibid.

（10）以下を参照。Friedrich Engels, *Anti-Dühring*, Moscow: Progress Publishers, 1947; *Anti-Dühring*, in *Marx-Engels Werke*, vol. 20, Berlin: Dietz, 1968［フリードリヒ・エンゲルス、『反デューリング論』、村田陽一訳、『マルクス・エンゲルス全集』20、青木書店、一九六八年］; Étienne Balibar, "Reflections on Gewalt," *Historical Materialism* 17:1, 2009; Yves Winter, "Debating Violence on the Desert Island: Engels, Dühring and Robinson Crusoe," *Contemporary Political Theory* 13:4, 2014; Nick Hewlett, "Marx, Engels, and the Ethics of Violence in Revolt," *The European Legacy: Toward New Paradigms* 17:7, 2012, and *Blood and Progress: Violence in Pursuit of Emancipation, Edinburgh*: Edinburgh University Press, 2016.

（11）これとは対照的な視点として、以下を参照。scott crow, ed., *Setting Sights: Histories and Reflections on Community Armed Self-Defense*, Oakland: PM Press, 2018.

（12）Dorlin, *Se défendre*, pp. 41-64.

（13）Walter Benjamin, "Critique of Violence," in Marcus Bullock and Michael Jennings, eds., *Walter Benjamin: Selected Writings, Volume 1: 1913–1926*, Cambridge, MA: Harvard University Press, 2004; Walter Benjamin, »Zur Kritik der Gewalt«, in *Gesammelte Schriften*, vol. II-1, Frankfurt am Main: Suhrkamp, 1999.［ヴァルター・ベンヤミン、「暴力批判論」、『暴力批判論——ベンヤミンの仕事1』、野村修編訳、岩波文庫、一九九四年］

（14）以下を参照。Judith Butler, "Protest, Violent, Nonviolent," *Public Books*, October 13, 2017, publicbooks.org/the-big-picture-protest-violent-and-nonviolent/.

（15）Jacques Derrida, "Force of Law: The 'Mystical Foundation of Authority'," in *Acts of Religion*, ed. Gil Anidjar, New York: Routledge, 2010; *Force de loi*, Paris: Galilée, 1994.［ジャック・デリダ、『法の力』、堅田研一訳、法政大学出版局、一九九九年］

（16）マハトマ・ガンディーは、投獄される二年前に当たる一九二〇年、暴動調査委員会でサティヤーグラハ運動の非暴力性を擁護したが、その擁護を参照。「サティヤーグラハと受動的抵抗は、北極と南極ほどに異なっている。後者は弱者の武器として認識されてきたのであり、自らの目的を達成するために物理的な力や暴力を使用することを排除していないが、前者は強者の武器として考えられてきたのであり、いかなる形態あるいは形式であれ暴力を使用することを排除している」。Mahatma Gandhi, *Selected Political Writings*, ed. Dennis Dalton, Hackett

Publishing, 1996, p. 6. マーティン・ルーサー・キング・ジュニア「自由への大いなる歩み」も参照。そこで非暴力は、未来への絶えざる信頼に依拠する「方法」、「武器」、「抵抗」の様態と説明されている。ガンディーの影響を受けたキング牧師は、ソローの「市民的不服従」からも着想を得た。以下も参照。Leela Fernandes, "Beyond Retribution: The Transformative Possibilities of Nonviolence," in *Transforming Feminist Practice*, San Francisco, CA: Aunt Lute Press, 2003.

(17) 以下を参照。Başak Ertür, "Barricades: Resources and Residues of Resistance," in Judith Butler, Zeynep Gambetti, and Leticia Sabsay, eds., *Vulnerability in Resistance*, Durham, NC: Duke University Press, 2016, pp. 97-121. 以下も参照。Banu Bargu, "The Silent Exception: Hunger Striking and Lip-Sewing," *Law, Culture, and the Humanities*, May 2017.

第一章　非暴力、哀悼可能性、個人主義批判

(1) 以下を参照。Mary Whiton Calkins, "Militant Pacifism," *International Journal of Ethics*, 28:1, 1917.

(2) Jean Starobinski, *Jean-Jacques Rousseau: Transparency and Obstruction*, Chicago: University of Chicago Press, 1988; *Jean-Jacques Rousseau: Transparence et obstacle*, Paris: Gallimard, 1975. 〔ジャン・スタロバンスキー『ルソー——透明と障害』、山路昭訳、みすず書房、一九七三年〕

(3) Karl Marx, *Writings of the Young Marx on Philosophy and Society*, eds. Lloyd Easton and Kurt Guddat, Garden City, NY: Anchor Books, 1967, pp. 288-289; *Ökonomisch-philosophische Manuskripte aus dem Jahre 1844*, in *Marx-Engels Werke*, vol. 40, Berlin: Dietz, 1968, p. 511. 〔カール・マルクス、『経済学・哲学草稿』、村岡晋一訳、『マルクス・コレクション』I、筑摩書房、二〇〇五年、三〇八—三〇九頁〕

(4) グレゴリー・サドラーによれば、「「自然状態」には次の五つのヴァージョンが」存在する。「文明や市民社会のどんな制度も欠いた、万人の万人に対する闘争としての「自然状態」というレトリック的概念。家族、主人–従者、一族、あるいは部族の構造が互いに対立しているような、政治以前の社会に歴史的に存在する「自然（諸）状態」。法律が制定され、施行されているにもかかわらず、市民が相互に不信感を抱いている、すなわち犯

罪行為を懸念しているような、確立された市民社会の中に歴史的に存在する「自然（諸）状態」。外交関係を支配する歴史的に存在する「自然状態」、すなわち、諸国家が相互に関係している状態。党派分裂による市民社会の崩壊を伴う、内戦で頂点に達するような、歴史的に存在する、あるいは存在し得る自然「（諸）状態」」。Gregory Sadler, "Five States of Nature in Hobbes's Leviathan," *Oxford Philosopher*, March 2016.

（5）Jean-Jacques Rousseau, *The Political Writings of Jean-Jacques Rousseau*, ed. C. E. Vaughan, Cambridge, UK: Cambridge University Press, 1915, p. 286.［「純粋な虚構」とはルソーの言葉ではなく、「戦争状態」というルソーの断片に付された編者序文からの引用である］

（6）Jean Laplanche and J.-B. Pontalis, *The Language of Psycho-Analysis*, New York: W. W. Norton, 1967, p. 314; *Le vocabulaire de la psychanalyse*, Paris: Presses universitaires de France, 1967, p. 152.［ジャン・ラプランシュ、J－B・ポンタリス、『精神分析用語辞典』、村上仁監訳、みすず書房、一九七七年、一一四頁］

（7）以下を参照。Adriana Cavarero, *Inclinations: A Critique of Rectitude*, Stanford, CA: Stanford University Press, 2016.

（8）Carole Pateman, *The Sexual Contract*, Stanford, CA: Stanford University Press, 1988.［キャロル・ペイトマン、『社会契約と性契約――近代国家はいかに成立したのか』、中村敏子訳、岩波書店、二〇一七年］ペイトマンに対する様々な応答も参照。"The Sexual Contract Thirty Years On," *Feminist Legal Studies* 26:1, 2018, pp. 93-104.

（9）以下を参照。Jos Boys, ed., *Disability, Space, Architecture: A Reader*, New York: Routledge, 2017.

（10）Jacques Lacan, "The Mirror Stage as Formative of the 'I' Function," in *Écrits*, trans. Bruce Fink, New York and London: Norton, 2006, pp. 75-81; « Le stade du miroir comme formateur de la fonction du Je », in *Écrits*, Paris: Seuil, 1966, pp. 93-100.

（11）Wendy Brown, *Walled States: Waning Sovereignty*, New York: Zone Books, 2010.

（12）関係的平等に関する優れた分析的見解として、以下を参照。Elizabeth Anderson, "What Is the Point of Equality?," *Ethics* 109:2, 1999, pp. 287-337.

（13）以下の私の論考を参照。"Rethinking Vulnerability and Resistance," in Judith Butler, Zeynep Gambetti, and Leticia Sabsay, eds., *Vulnerability in Resistance*, Durham, NC: Duke University Press, 2016.

（14） Nancy Fraser and Linda Gordon, "A Genealogy of Dependency: Tracing a Keyword of the US Welfare State," *Signs* 19:2, 1994, pp. 309-336.

（15） Albert Memmi, *La dépendance: Esquisse pour un portrait du dépendant*, Paris: Gallimard, 1979; *Dependence: A Sketch for a Portrait of the Dependent*, trans. Phillip A. Facey Boston: Beacon Press, 1984.

（16） 以下を参照。Stephen Frosh, ed., *Psychosocial Imaginaries*, London: Palgrave, 2015.

（17） このテクストを通じて私は、クラインの実践に従って、願望や白昼夢に似た意識的状態と見なされる幻想［fantasy］と、投影や取り込みによって作動し、主体の内部から生じる情動と対象世界に属する情動との境界を曖昧にする無意識的活動と理解される《幻想》［phantasy］とを区別している。私はクラインに厳密な仕方で従おうとはしていないが、例えば、人種的《幻想》は、それがどれほど意識的なものであれ、自分自身に属するものと他人に属するものとの区別を曖昧化する無意識的な情動転換のメカニズムによって維持されている、と示唆しておきたい。私は、意識的な精神的生と無意識的な精神的生を厳密に区別することを受け容れないが、レイシズムのような社会的な権力諸形式は、無意識的な仕方で主体を形成し、深淵かつ致死的な心的パターンを確立することができる、と強調しておきたい。より詳細な議論として、本書四一―四三頁を参照。

（18） 以下を参照。Marc Crepon, *Murderous Consent*, trans. Michael Loriaux and Jacob Levi, New York: Fordham University Press, 2019; *Le consentement meurtrier*, Paris: Cerf, 2021; Adriana Cavarero and Angelo Scola, *Thou Shalt Not Kill: A Political and Theological Dialogue*, trans. Margaret Adams Groesbeck and Adam Sitze, New York: Fordham University Press, 2015.

（19） 「ある一定の領域内部で、正当な物理的暴力行使の独占を（実効的に）要求する人間共同体」という、ヴェーバーによる国家の定義を参照。Max Weber, "Politics as a Vocation," in *From Max Weber: Essays in Sociology*, trans. H. H. Gerth and C. Wright Mills, Oxford, UK: Oxford University Press, 1946, p. 78; Max Weber, *Politik als Beruf*, Stuttgart: Reclam, 1992, p. 10.［マックス・ヴェーバー、『職業としての政治』、脇圭平訳、岩波文庫、一九八〇年、九頁］暴力と強制をより徹底的に分析するには、物理的力の明白な脅威なしで同意として機能する強制によって、階級へゲモニーが維持される、というグラムシの考え方を考慮しなければならないだろう。例えば、グラムシは『獄中ノート』において、新しい労働様式への新しい適応様式を促進するために何が必要かに言及し、「圧力が社会の全領域に加えられ、清教徒的イデオロギーが発展して、野蛮な内的強制に説得と同意の外的形態を与える」と論じている。Antonio Gramsci, *Prison Notebooks, Volume One*, trans. Anthony Buttigieg, New York: Columbia University Press, 1992, p. 235.［アントニオ・グラムシ、『グラムシ獄中ノート』I、獄中ノート翻訳委員会、大月書店、一九八一年、二五九頁］

第二章　他者の生を保存すること

（1）以下を参照。Martha Fineman, "The Vulnerable Subject: Anchoring Equality in the Human Condition," *Yale Journal of Law and Feminism* 20:1, 2008; Lourdes Peroni and Alexandra Timmer, "Vulnerable Groups: The Promise of an Emerging Concept in European Human Rights Convention Law," *International Journal of Constitutional Law* 11:4, 2013, pp. 1056-1085. 以下も参照。Joan C. Tronto, *Moral Boundaries: A Political Argument for an Ethic of Care*, New York: Routledge, 1994; Tronto, *Caring Democracy: Markets, Equality, Justice*, New York: New York University Press, 2013; Daniel Engster, "Care Ethics, Dependency, and Vulnerability," *Ethics and Social Welfare* 13:2, 2019; Fabienne Brugère, *Care Ethics: The Introduction of Care as Political Category*, Leuveb: Peeters, 2019.

（2）以下を参照。Christy Thornton, "Chasing the Murderers of Ayotzinapa's 43," NACLA, September 17, 2018, nacla.org/news/2018/09/17/chasing-murderers-ayotzinapa%E2%80%99s-43.

（3）物質を哀悼することについては、以下を参照。Karen Barad, "Troubling Time/s and Ecologies of Nothingness: Re-turning, Re-membering, and Facing the Incalculable," *New Formations* 92, 2017.

（4）Immanuel Kant, *The Moral Law: Groundwork of the Metaphysic of Morals*, trans. H. J. Paton, New York: Routledge, 2005, p. 73; *Grundlegung zur Metaphysik der Sitten*, in *Kants Werke: Akademie-Textausgabe*, vol. 4, Berlin: de Gruyter, 1968. p. 402.［イマヌエル・カント、『道徳形而上学原論』、篠田英雄訳、岩波文庫、一九七六年、四二頁］

（5）Ibid., p. 116; p. 437.［同書、一二二頁］

（6） Ibid., p. 75; p. 403.〔同書、四四頁〕

（7） Ibid.〔同書、四四—四五頁〕

（8） 原初的模倣については、以下を参照。Mikkel Borch-Jacobsen, *The Freudian Subject*, Stanford, CA: Stanford University Press, 1992; François Roustang, *Qu'est-ce que l'hypnose?*, Paris: Éditions de Minuit, 1994.

（9） このテーゼの様々なヴァージョンは、シャンドール・フェレンツィ、フランソワ・ルスタン、サイモン・クリッチリーの仕事に見出すことができる。彼らにとって、レヴィナスと精神分析の関係は中心的なものであることがわかる。以下を参照。Adrienne Harris and Lewis Aron, eds., *The Legacy of Sándor Ferenczi: From Ghost to Ancestor*, New York: Routledge, 2015; Simon Critchley, "The Original Traumatism: Levinas and Psychoanalysis," in Richard Kearney and Mark Dooley, eds., *Questioning Ethics*, New York: Routledge, 1999.

（10） Sigmund Freud, *Civilization and Its Discontents* (1930), in *The Standard Edition of the Complete Psychological Works of Sigmund Freud*, trans. James Strachey, vol. 21, London: Hogarth Press, 1961, p. 143; *Das Unbehagen in der Kultur*, in *Gesammelte Werke*, vol. XIV, Frankfurt am Main: Fischer, 1999, p. 503.〔ジークムント・フロイト、『文化の中の居心地悪さ』、高田珠樹訳、『フロイト全集』20、岩波書店、二〇一一年、一五九頁〕

（11） Ibid.〔同書、一五九頁〕

（12） Sigmund Freud, "Thoughts for the Times on War and Death" (1915), in *Standard Edition*, vol. 14, pp. 296-297; »Zeitgemäßes über Krieg und Tod«, in *Gesammelte Werke*, vol. X, pp. 350- 351.〔「戦争と死についての時評」、田村公江訳、『フロイト全集』14、一六〇—一六二頁〕

（13） Melanie Klein, "Love, Guilt, and Reparation," in Melanie Klein and Joan Riviere, *Love, Hate, and Reparation*, New York: Norton, 1964, p. 66.〔メラニー・クライン、「愛、罪そして償い」、奥村幸夫訳、『メラニー・クライン著作集』3、誠信書房、一九八三年、八一—八二頁〕

（14） Ibid., p. 66, note 1.〔同書、八二頁、注一〕

（15） Ibid., p. 67.〔同書、八三頁〕

(16) Ibid., pp. 67-68.〔同書、八三頁〕
(17) Ibid., p. 65.〔同書、八一頁〕
(18) Ibid., p. 91.〔同書、一〇一頁〕
(19) Ibid., pp. 61-62.〔同書、七八頁〕
(20) Ibid., p. 83.〔同書、九五頁〕
(21) Lauren Berlant and Lee Edelman, *Sex, or the Unbearable*, Durham, NC: Duke University Press, 2013.
(22) Jacqueline Rose, "Negativity in the Work of Melanie Klein," in *Why War?: Psychoanalysis, Politics, and the Return to Melanie Klein*, London: Blackwell, 1993, p. 144.
(23) Sigmund Freud, *Civilization and Its Discontents* (1930), in *Standard Edition*, vol. 21, p. 75; *Das Unbehagen in der Kultur*, in *Gesammelte Werke*, vol. XIV, p. 432.〔『文化の中の居心地悪さ』、高田珠樹訳、『フロイト全集』20、七九頁〕
(24) ある点でクラインは、子供の母親への関係は生への関係であると述べている。しかしながら彼女は、それが母親の生への関係、あるいは自分自身の生への関係であるとは述べていない。その点で、「生」とはまさしく、そうした両義的《アンビギュアス》な指示対象の機能なのである。自分自身の生、他者の生の両方が、「生」と呼ばれているのだ。
(25) Rose, "Negativity," p. 37.
(26) David Eng, "Reparations and the Human," *Columbia Journal of Gender and Law* 21:2, 2011.
(27) 以下を参照。Nicole Loraux, *Mothers in Mourning*, trans. Corinne Pache, Ithaca, NY: Cornell University Press, 1998, pp. 99-103. 以下も参照。Athena Athanasiou, *Agonistic Mourning: Political Dissidence and the Women in Black*, Edinburgh: Edinburgh University Press, 2017.

第三章　非暴力の倫理と政治

(1) 以下を参照。Douglas Crimp, "Mourning and Militancy," *October* 51, 1989, pp. 3-18; Ann Cvetkovich, "AIDS Activism and the Oral History Archive," *Public Sentiments* 2:1, 2003.

(2) 以下を参照。Drucilla Cornell, *The Imaginary Domain*, London: Routledge, 2016 [1995]〔ドゥルシラ・コーネル、『イマジナリーな領域——中絶、ポルノグラフィ、セクシュアル・ハラスメント』、仲正昌樹監訳、御茶の水書房、二〇〇六年〕; Cornelius Castoriadis, *The Imaginary Institution of Society*, Cambridge, MA: MIT Press, 1997; *L'institution imaginaire de la société*, Paris: Seuil, 1975.〔コルネリュウス・カストリアディス、『想念が社会を創る——社会的想念と制度』、江口幹訳、法政大学出版局、一九九四年〕

(3) Michel Foucault, *« Il faut défendre la société », Cours au Collège de France (1975-1976)*, Paris: Seuil, 1976, p. 213. « La souveraineté faisait mourir et laissait vivre. Et voilà que maintenant apparaît un pouvoir que j'appellerais de régularisation, qui consiste, au contraire, à faire vivre et à laisser mourir ».〔ミシェル・フーコー、『社会は防衛しなければならない——コレージュ・ド・フランス講義1975-1976年度』、石田英敬・小野正嗣訳、筑摩書房、二〇〇七年、二四六頁。「主権とは死なせ、生きるに任せるものでした。そしていまや反対に、調整の権力と呼んでもよいような、生きさせ、死ぬに任せることからなる権力が現れるのです。」〕

(4) ルース・ウィルソン・ギルモアにとって、「レイシズムとはとりわけ、集団によって差異化された早世への曝されの、国家が認めた、あるいは法の枠外での生産、搾取である」。Ruth Wilson Gilmore, *Golden Gulag: Prisons, Surplus, Crisis, and Opposition in Globalizing California*, Berkeley: University of California Press, 2007, p. 28.

(5) 英語では、"you"は両義的に単数でも複数でもあるため、戦争が自己保存の結果として起きるのか、集団保存の結果として起きるのかは不明確である。Foucault, *« Il faut défendre la société »*, p. 227.〔『社会は防衛しなければならない』、二五四頁。フランス語訳に従って文章を修正した。フーコーのフランス語原文（« si tu veux vivre, il faut que tu fasses mourir, il faut que tu puisses tuer »）では、英語のyouに相当する言葉としてtu（二人称単数）が用いられている。〕

(6) Ibid., p. 213.〔同書、二三九—二四〇頁〕

(7) フーコーにとってレイシズムは、生政治的なものを種の内部の「区切り」、あるいは切断として構成する。「生政治が差し向けられる生物学的連続体の内部に区切りを入れること、これがレイシズムの最初の機能なのです」。Michel Foucault, *« Il faut défendre la société »*, p. 227; *"Society Must Be Defended,"* trans. David Macey, New York: Picador, 2003, p. 255.〔『社会は防衛しなければならない』、二五四頁〕

（８）以下を参照。Catherine Malabou, "One Life Only: Biological Resistance, Political Resistance," *Critical Inquiry* 42:3, 2016.

（９）*« Il faut défendre la société »*, p. 215; *"Society Must Be Defended,"* p. 241.〔『社会は防衛しなければならない』、二四一頁〕

（10）Frantz Fanon, *Black Skin, White Masks*, New York: Grove, 2008, p. 91; *Peau noir, masque blanc*, Paris: Seuil, 1952, p. 90.〔フランツ・ファノン、『黒い皮膚・白い仮面』、海老坂武・加藤晴久訳、みすず書房、一九九八年、一三一頁〕

（11）Ibid.〔同書、一三一頁〕

（12）以下を参照。Michael Omi and Howard Winant, *Racial Formation in the United States*, 3rd ed., London: Routledge, 2015; Karim Murji and John Solomos, eds., *Racialization: Studies in Theory and Practice*, Oxford, UK: Oxford University Press, 2005.

（13）以下を参照。Kim Su Rasmussen, "Foucault's Genealogy of Racism," *Theory, Culture, and Society* 28:5, 2011, pp. 34-51; Ann Stoler, *Race and the Education of Desire*, Durham, NC: Duke University Press, 1995.

（14）人種的－皮膚的図式と歴史的－人種的図式は、この《幻像《ファンタスマゴリア》》において機能している。人種的マイノリティへのある本質の付与は、そうした生の価値を否定する方法であり得るが、また、そうした生を生として理解する可能性そのものを前もって否定する方法でもあり得る。

（15）African American Policy Forum, "#SayHerName: Resisting Police Brutality against Black Women," AAPF official website, aapf.org.

（16）Kimberlé Williams Crenshaw, "From Private Violence to Mass Incarceration," *UCLA Law Review* 59, 2012, p. 1418.

（17）Achille Mbembe, "Necropolitics," *Public Culture* 15:1, 2003, pp. 11-40; *Necropolitics*, Durham, NC: Duke University Press, 2019.

（18）Walter Benjamin, "Critique of Violence," in *Walter Benjamin: Selected Writings, Volume 1: 1913-1926*, eds. Marcus Bullock and Michael W. Jennings, Cambridge, MA: Harvard University Press, 2004, p. 243; »Zur Kritik der Gewalt«, in *Gesammelte Schriften*, vol. II-1, Frankfurt am Main: Suhrkamp, 1999, p. 190.〔ヴァルター・ベンヤミン、「暴力批判論」、『暴力批判論――ベ

ンヤミンの仕事1』、野村修編訳、岩波文庫、一九九四年、四五頁〕

(19) Ibid., p. 245; p. 192.〔同書、四八頁〕

(20) Walter Benjamin, "The Task of the Translator," in *Walter Benjamin: Selected Writings, Volume 1*, pp. 260-262; »Die Aufgabe des Übersetzers«, in *Gesammelte Schriften*, vol. IV-1, pp. 18-20.〔ヴァルター・ベンヤミン、「翻訳者の課題」、『暴力批判論——ベンヤミンの仕事1』、八四—九一頁〕以下も参照。"On the Program of the Coming Philosophy" (1918), in *Selected Writings, Volume 1*, pp. 100-110; »Über das Programm der kommenden Philosophie«, in *Gesammelte Schriften*, vol. II, pp. 157-171〔「来るべき哲学のプログラムについて」、『ドイツ・ロマン主義における芸術批評の概念』、浅井健二郎訳、ちくま学芸文庫、二〇〇一年〕そこでは、コミュニケーション可能性の持続的発展が、哲学と宗教の関係を条件付けている。

(21) Walter Benjamin, "On Language as Such and the Languages of Man," in *Walter Benjamin: Selected Writings*, Volume 1, p. 69; »Über die Sprache überhaupt und über die Sprache des Menschen«, in *Gesammelte Schriften*, vol. II, p. 149.〔ヴァルター・ベンヤミン、「言語一般および人間の言語について」、『ベンヤミン・コレクション1——近代の意味』、浅井健二郎編訳、ちくま学芸文庫、一九九五年、一二四頁〕

(22) "Task of the Translator," pp. 254-255; »Die Aufgabe des Übersetzers«, in *Gesammelte Schriften*, vol. IV-1, p. 12.〔「翻訳者の課題」、『暴力批判論——ベンヤミンの仕事1』、七〇—七四頁〕

(23) "Critique of Violence," p. 245; »Zur Kritik der Gewalt«, in *Gesammelte Schriften*, vol. II-1, p. 192.〔「暴力批判論」、『暴力批判論——ベンヤミンの仕事1』、四八頁〕

(24) Robert M. Cover, "Violence and the Word," Yale Law School Faculty Scholarship Series, paper 2708, 1986, digitalcommons.law.yale.edu/fss_papers/2708, p. 1607.

(25) Ibid., p. 1624.

(26) Étienne Balibar, *Violence and Civility: On the Limits of Political Philosophy*, New York: Columbia University Press, 2016; *Violence et civilité: Wellek Library Lectures et autres essais de philosophie politique*, Paris: Galilée, 2010.

（27）Ibid., p. 31; p. 58.

（28）Ibid., p. 32; p. 58.

（29）Ibid., p. 33; p. 60.

（30）Ibid., p. 34; pp. 61-62.

（31）Hannah Arendt, "On Violence," in *Crises of the Republic*, San Diego: Harcourt, 1972.［ハンナ・アーレント、「暴力について」、『暴力について——共和国の危機』、山田正行訳、みすず書房、二〇〇〇年］

（32）拷問は適法で正当化可能な暴力である、と説明するジョン・ユー［二〇〇一—二〇〇三年にジョージ・W・ブッシュ政権の法律顧問を務めた］のメモを参照。John Yoo to William J. Haynes II, "Re: Military Interrogation of Alien Unlawful Combatants Held Outside the United States," March 14, 2003, US Department of Justice Office of Legal Counsel, aclu.org/files/pdfs/safefree/yoo_army_torture_memo.pdf.

（33）Lisa Guenther, *Solitary Confinement: Social Death and Its Afterlives*, Minneapolis, MN: University of Minnesota Press, 2013.

（34）Talal Asad, *On Suicide Bombing*, New York: Columbia University Press, 2007.［タラル・アサド、『自爆テロ』、苅田真司訳、青土社、二〇〇八年］

（35）Donna Haraway, *The Companion Species Manifesto*, Chicago: Prickly Paradigm, 2003; *When Species Meet*, Minneapolis, MN: University of Minnesota Press, 2007.［ダナ・ハラウェイ、『伴侶種宣言——犬と人の「重要な他者性」』、永野文香訳、以文社、二〇一三年。『犬と人が出会うとき——異種協働のポリティクス』、高橋さきの訳、青土社、二〇一三年］

（36）Frantz Fanon, "Concerning Violence," in *The Wretched of the Earth*, trans. Constance Farrington, New York: Grove Press, 1963, p. 45; « De la violence », in *Les damnés de la terre*, Paris: La Découverte, 1992, p. 32.［フランツ・ファノン、「暴力」、『地に呪われたる者』、鈴木道彦・浦野衣子訳、みすず書房、二〇一五年、四六頁］

第四章　フロイトにおける政治哲学――戦争、破壊、躁病、批判的能力

（1）Sigmund Freud, "Thoughts for the Times on War and Death" (1915), in *The Standard Edition of the Complete Psychological Works of Sigmund Freud*, trans. James Strachey, vol. 14, London: Hogarth Press, 1957, pp. 273-300; »Zeitgemäßes über Krieg und Tod«, in *Gesammelte Werke*, vol. X, Frankfurt am Main: Fischer, 1999, pp. 323-340.［ジークムント・フロイト、「戦争と死についての時評」、田村公江訳、『フロイト全集』14、岩波書店、二〇〇九年］

（2）Sigmund Freud, *Beyond the Pleasure Principle* (1920), in *Standard Edition*, vol. 18; *Jenseits des Lustprinzips*, in *Gesammelte Werke*, vol. XII.［ジークムント・フロイト、『快原理の彼岸』、須藤訓任訳、『フロイト全集』17、岩波書店、二〇〇六年］

（3）Sigmund Freud, *Civilization and Its Discontents* (1930), in *Standard Edition*, vol. 21; *Das Unbehagen in der Kultur*, in *Gesammelte Werke*, vol. XIV［ジークムント・フロイト、『文化の中の居心地悪さ』、嶺秀樹・高田珠樹訳、『フロイト全集』20、岩波書店、二〇一一年］

（4）Freud, "Thoughts for the Times on War and Death," in *Standard Edition*, vol. 14, pp. 278-279; »Zeitgemäßes über Krieg und Tod«, in *Gesammelte Werke*, vol. X, pp. 328-329.［「戦争と死についての時評」、『フロイト全集』14、一三七―一三八頁］

（5）Freud, *Civilization and Its Discontents*, in *Standard Edition*, vol. 21, p. 145; *Das Unbehangen in der Kultur*, in *Gesammelte Werke*, vol. XIV, p. 506.［『文化の中の居心地悪さ』、『フロイト全集』20、一六二頁］

（6）Freud, "Instincts and Their Vicissitudes" (1915), in *Standard Edition*, vol. 14, p. 121-122; »Triebe und Triebschicksale«, in *Gesammelte Werke*, vol. X, p. 214.［「欲動と欲動運命」、新宮一成訳、『フロイト全集』14、一七二頁］「「欲動」は、心的なものと身体的なものとの境界概念として私たちの目に映る［So erscheint uns der "Trieb" als ein Grenzbegriff zwischen Seelischem und Somatischem］」。

（7）Freud, *Civilization and Its Discontents*, in *Standard Edition*, vol. 21, p. 120; *Das Unbehagen in der Kultur*, in *Gesammelte Werke*, vol. XIV, p. 479.［『文化の中の居心地悪さ』、『フロイト全集』20、一三二頁］

（8）Freud, *Beyond the Pleasure Principle*, in *Standard Edition*, vol. 18, p. 38; *Jenseits des Lustprinzips*, in *Gesammelte Werke*, vol. XII, p. 41.［『快原理の彼岸』、『フロイト全集』17、九二頁］

（9）フロイトのサドマゾヒズムに関する理論化は、「欲動と欲動運命」（一九一五年）で最初にその現象をリビドー理論に依拠して説明しようとしたが、『快原理の彼岸』（一九二〇年）、そして「マゾヒズムの経済論的問題」（1924, *Standard Edition*, vol. 19; *Gesammelte Werke*, vol. XIII〔『フロイト全集』18〕）では、死の欲動に照らして修正される。

（10）Freud, *Civilization and Its Discontents*, in *Standard Edition*, vol. 21, p. 120; *Das Unbehagen in der Kultur*, in *Gesammelte Werke*, vol. XIV, p. 479.〔『文化の中の居心地悪さ』、『フロイト全集』20、一三二頁〕

（11）Ibid., p. 122; p. 481.〔同書、一三四―一三五頁〕

（12）Freud, *Totem and Taboo* (1913), in *Standard Edition*, vol. 13; *Totem und Tabu*, in *Gesammelte Werke*, vol. IX〔『トーテムとタブー』、「II タブーと感情の蠢きの両価性」、門脇健訳、『フロイト全集』12、二〇〇九年〕

（13）Freud, "Mourning and Melancholia," in *Standard Edition*, vol. 14, 1917, pp. 248-252; »Trauer und Melancholie«, in *Gesammelte Werke*, vol. X, pp. 437-439.〔「喪とメランコリー」、伊藤正博訳、『フロイト全集』14、二七九―二八五頁〕

（14）Ibid., p. 250; p. 438.〔同書、二八三頁〕

（15）Freud, *The Ego and the Id* (1923), in *Standard Edition*, vol. 19, p. 53; *Das Ich und das Es*, in *Gesammelte Werke*, vol. XIII, p. 283.〔ジークムント・フロイト、『自我とエス』、道籏泰三訳、『フロイト全集』18、岩波書店、二〇〇七年、五五頁〕

（16）Ibid.〔同書、五四―五五頁〕

（17）Freud, "Mourning and Melancholia," in *Standard Edition*, vol. 14, p. 251; »Trauer und Melancholie«, in *Gesammelte Werke*, vol. X, p. 435.〔「喪とメランコリー」、『フロイト全集』14、二八四頁〕

（18）Ibid., pp. 253-255; pp. 437-442.〔同書、二八六―二八八頁〕

（19）以下を参照。José Esteban Muñoz, *Disidentifications: Queers of Color and the Performance of Politics*, Minneapolis, MN: University of Minnesota Press, 1999.

（20）Ibid.

（21）アインシュタインは一九三三年にドイツを離れ、フロイトは一九三八年にウィーンを離れた。彼らの書簡は以下に収録されている。"Why War?" (1933), in *Standard Edition*, vol. 22, pp. 195-216; *Warum Krieg ?*, Zürich : Diogenes, 1972.［「戦争はなぜに」、高田珠樹訳、『フロイト全集』20、岩波書店、二〇一一年。『ひとはなぜ戦争をするのか』、浅見昇吾訳、講談社学術文庫、二〇一六年（ドイツ語版、日本語版『フロイト全集』にはアインシュタインの書簡が収録されていないため、アインシュタインの書簡のみ別エディションを参照指示する）］一九三二年、国際知的協力機関はアインシュタインに、政治と平和について彼の選んだ思想家と対話するよう求め、彼は数年前に少し会ったことのあるフロイトを選んだ。

(22) Einstein to Freud, "Why War?," in *Standard Edition*, vol. 22, p. 199; *Warum Krieg ?*, p. 15.［『ひとはなぜ戦争をするのか』、一〇頁］

(23) Ibid., p. 201; p. 20.［同書、一六―一七頁］

(24) Freud to Einstein, "Why War?," in *Standard Edition*, vol. 22, p. 205; *Warum Krieg ?*, in *Gesammelte Werke*, vol. XVI, p. 15.［「戦争はなぜに」、『フロイト全集』20、二五九頁］

(25) Ibid., p. 205; p. 15-16.［同書、二五九―二六〇頁］

(26) Ibid., p. 205; p. 16.［同書、二六〇頁］

(27) Einstein to Freud "Why War?," in *Standard Edition*, vol. 22, p. 200: *Warum Krieg ?*, p. 18.［『ひとはなぜ戦争をするのか』、一三頁］

(28) Freud to Einstein, "Why War?," in *Standard Edition*, vol. 22, p. 212: *Warum Krieg ?*, in *Gesammelte Werke*, vol. XVI, p. 23.［「戦争はなぜに」、『フロイト全集』20、二六九頁］

(29) ナショナリズムとシオニズムに対するフロイトの抵抗については、以下を参照。Jacqueline Rose, *The Last Resistance*, London and New York: Verso, 2007, pp. 17-38.

(30) Freud to Einstein, "Why War?," in *Standard Edition*, vol. 22, p. 214; *Warum Krieg ?*, in *Gesammelte Werke*, vol. XVI, p. 25.［「戦争はなぜに」、『フロイト全集』20、二七一頁］

(31) 一九三一年一月にジョージ・シルヴェスター・ヴィエレックが行ったアルベルト・アインシュタインのイン

タビューを参照。そこでアインシュタインは次のように主張している。「私は単に平和主義者であるだけでなく、戦闘的平和主義者です。私は平和のために闘うことを望んでいます。人々自身が戦争に行くことを拒否することによってしか、戦争を終わらせることはできません。あらゆる偉大な大義は、まず攻撃的少数者によって擁護されるのです」(*Einstein on Peace*, Otto Nathan and Heinz Norden, eds., Pickle Partners Publishing, 2017, p. 125)。

(32) Mahatma Gandhi, "My Faith in Nonviolence," in Arthur and Lila Weinberg, eds., *The Power of Nonviolence: Writings by Advocates of Peace*, Boston: Beacon Press, 2002, p. 45.

終章　可傷性、暴力、抵抗を再考する

(1) エモリー大学の自らの研究チームの研究成果を報告する、マーサ・ファインマンのウェブサイトを参照。"Vulnerability and the Human Condition," Emory University official website, web.gs.emory.edu/vulnerability.

(2) United Nations High Commissioner for Refugees, *Statelessness around the World*, UNHCR official website, unhcr.org/statelessness-around-the-world.html.

(3) "Countries with the Highest Number of Murders of Trans and Gender-Diverse People in Latin America from January to September 2018," Trans Murder Monitoring, November 2018, statista.com/statistics/944650/number-trans-murders-latin-america-country. 以下も参照。Chase Strangio, "Deadly Violence against Transgender People Is on the Rise. The Government Isn't Helping," ACLU, August 21, 2018, aclu.org/blog/lgbtq-rights/criminal-justice-reform-lgbtq-people/deadly-violence-against-transgender-people.

(4) Montserrat Sagot, "A rota crítica da violência intrafamiliar em países latino-americanos," in Stela Nazareth Meneghel, ed., *Rotas críticas: mulheres enfrentando a violência*, São Leopoldo: Editoria Usinos, 2007, pp. 23-50.

(5) 以下も参照。Julia Estela Monárrez Fragoso, "Serial Sexual Femicide in Ciudad Juárez: 1993-2001," *Debate Femenista* 13:25, 2002.

(6) International Organization for Migration, "Mediterranean Migrant Arrivals Reach 113,145 in 2018; Deaths Reach 2,242,"

International Organization for Migration official website, 2018, iom.int/news/mediterranean-migrant-arrivals-reach-113145-2018-deaths-reach-2242; "Mediterranean: Deaths by Route," Missing Migrants Project, missingmigrants.iom.int, accessed May 15, 2019.

（7）Syrian Network for Human Rights, "Eight Years Since the Start of the Popular Uprising in Syria, Terrible Violations Continue," Syrian Network for Human Rights official website, 2019, sn4hr.org/blog/2019/03/11/53423/.

（8）以下の私の論考を参照。"Vulnerability and Resistance," *Profession*, March 2014, profession.mla.org/vulnerability-and-resistance/.

（9）以下を参照。Lauren Wilcox, *Bodies of Violence: Theorizing Embodied Subjects in International Relations*, Oxford, UK: Oxford University Press, 2015.

（10）Donna Haraway, *The Companion Species Manifesto*, Chicago: Prickly Paradigm, 2003; *When Species Meet*, Minneapolis: University of Minnesota Press, 2007.〔ダナ・ハラウェイ、『伴侶種宣言——犬と人の「重要な他者性」』、永野文香・波戸岡景太訳、以文社、二〇一三年。『犬と人が出会うとき——異種協働のポリティクス』、高橋さきの訳、青土社、二〇一三年〕

訳者解説　戦争とレイシズムの時代における非暴力のマニフェスト

佐藤嘉幸

1　相互依存から非暴力へ

本書は、戦争とレイシズムの時代における非暴力のマニフェストである。新自由主義とポピュリズムが世界を覆う今世紀、アメリカやヨーロッパの諸国家はイスラム諸国に対して次々と戦争を起こし（アメリカ合州国主導の「対テロ戦争」や、NATOによるリビアへの軍事介入）、それが生み出した難民、移民の波は、戦争を起こした当の国々でレイシズムとポピュリズムを引き起こした。アメリカ合州国では、ドナルド・トランプのポピュリズム政治が黒人へのレイシズムと警察暴力を可視化させ、「ブラック・ライヴズ・マター」運動を激化させた。フェミサイドに抗議してブエノスアイレスで始まったニ・ウナ・メノス（「もう一人の女性も犠牲にするな」）運動はアメリカからヨーロッパへと波及し、男性による女性、トランスセクシュアルに対する家父長制的暴力を可視化した(1)。さらに、多くの国々では少数民族に対する抑圧が続き、イスラエルではパレスチナへの植民と軍事攻撃が続いている。日本でも、在日コリアンに対するレイシズムは根深く続いており、沖縄には米軍基地の集中とその矛盾が押し付けられている。また、本訳書の出版直前には、ロシアのウクライナ侵略が、民間人の大量虐殺と、夥しい数の難民を生み出している。バトラーが非暴力の哲学を構築するのは、こうした暴力に満ちた現代の社会状況の直中においてであり、本書第三章はレイシズム的暴力の批判に、第四章は戦争と国家暴力の批判に充てられている。さらに、その根底には社会的不平等の批判がある。バトラーによれば、レイシズムは人種間での「哀悼可能性の不平等な分配」と根本的に関係しており、戦争もまた、帝国主義、植民地主義のような仕方で、国家間、民族間の不平等に基づいて生起する。従って、「暴力批判はまた不平等の根本的批判でなければならない」（第三章、一四九―一五〇頁）、と彼女は述べる。

　バトラーは本書において、とりわけマイノリティに対する暴力を問題にしている。マイノリティに対する暴力とは、女性、有色人種、ＬＧＢＴ、移民、少数民族、（中心に対する）周縁への暴力を含む。これらの制度的暴力を問題化するために、バトラーはミシェル・フーコーの生政治概念に依拠しつつ、人口《ポピュレーション》＝住民を「哀悼可能な人口」と「哀悼不可能な人口」に分割し、後者に対する暴力を否認、あるいは正当化するような統治テクノロジーを問題化する。そこから彼女は、他者との間に必然的に介在する相互依存関係に依拠して、他者とのグローバルな共存を提起するのである。そうしたグローバルな共存は個人主義批判の哲学、すなわち共同性と相互依存の観点から提起されるだろう。バトラーはそれを、新たな平等主義的想像力と呼んでいる。

　自己は個人の自己保存の名において暴力的に行動することを余儀なくされる、という考えに対抗して本書の探究が想定するのは、社会的関係性の困難な場としての自己性［selfhood］という概念を切り開くために、非暴力は自我論的［egological］倫理と、個人主義の政治的遺産を批判する必要がある、というものだ。もちろんその関係性は、否定性によって、つまり対立、怒り、攻撃性によって定義される部分もある。人間関係の破壊的潜勢力はあらゆる関係性を否定するものではなく、また関係性の視点は、社会的絆のこの潜在的あるいは現働的破壊の執拗な存続を避けることができない。結果として、関係性はそれ自体では良いものではなく、結び付きの徴しでも、破壊に対抗して措定されるべき倫理的規範でもない。むしろ関係性とは、執拗に存在する構成的な破壊的潜勢力に照らして倫理的義務の問いを解決しなければならない、厄介で両価的《アンビヴァレント》な領野である。「正しい行い」がどんなことだとわかるにせよ、それは、最初にその倫理的決定を条件付ける分断や闘争の経験に依拠している。その作業は決して、完全に反省的なもの――つまり、私の私自身への関係のみに依拠するもの――ではない。実際、世界が暴力の力場として提示されるとき、非暴力の課題は、世界が暴力で飽和し出口がないように見える瞬間にこそ、暴力を抑制、改善し、あるいはその方向を転回するような仕方で、その世界で生き行動する方法を見つけることなのだ。身体はその転回の媒体《ヴェクトル》となりうるが、それだけでなく、言説、集団的実践、インフラストラクチャー、諸制度もその役割を果たすことができる。非暴力支持の立場は完全に非現実的であるという反論に対してこの議論が主張しているのは、非暴力に必要なのは現実と見なされるものの批判であり、このような時代における反現実主義の力と必要性を確認することである、というものだ。恐らく非暴力は、現在構成されている現実か

らのある種の離脱を必要とするのであり、より新たな政治的想像力となる可能性を切り開くだろう。（序章、一九―二〇頁）

私たちは他者との社会的関係性の中で生きており、決して孤立した個人として生きているのではない。私たちが個人として行うことは、必ず他者との相互依存によって基礎付けられている。私たちはそもそも、生まれたときから他者との相互依存関係にあるのであって、他者なしで生きることはできない。人間は乳児のときには、自分で栄養を摂取することもできず、必ず他者によって養育されねばならない。ホッブズ的な社会契約論は、原初に自然状態を想定して、その暴力性を乗り越えるために国家形成が必要だと説くが、その自然状態の光景に存在するのは、いかなる他者にも依存しない成人男性のみである。しかし、実際にはそうした自然状態は存在せず、それは他者との相互依存と、ジェンダー化された再生産関係を否認している。バトラーはそうした否認の構造を、対他関係の基盤となる《幻想》と定義する。私たちはそうした《幻想》に依拠した個人主義を超えて、他者たちとのグローバルな連帯の関係を構築する必要があるのだ。

それゆえ、非暴力の哲学は他者との関係性の中で構築されねばならず、他者との間に必ず介在する愛と憎悪のような両価性《アンビヴァレンス》を考慮し、そこから生まれ得る暴力を抑制しなければならない。こうした両価性に関する精神分析考察は、メラニー・クラインに依拠しつつ、主として第一章、第二章で展開される。クラインとラプランシュ＝ポンタリスは、意識的願望としての「幻想［fantasy/fantasme］」と、無意識的願望としての「《幻想》［phantasy/phantasme］」を区別しており、後者は、他者との間に介入する無意識的欲望（愛と憎悪の両価性）と、それに依拠して構築される現実の解釈を意味している（第一章、四一―四三頁）。このように《幻想》は、他者に対する無意識的欲望と攻撃性の媒体となるが、バトラーは第二章で、この《幻想》が持つ攻撃性を乗り越える方法を模索する。クラインの論文「愛、罪そして償い」によれば、私たちは子供時代に《幻想》の中で他者（母親）に対して行使した暴力を超えて、あるいはそうした攻撃的《幻想》ゆえに、後に自己の破壊性を償おうとするのであり、罪責感に基づくそうした「償い」こそが、他者への共感を展開するのである。

私たちは、このように自己と他者の相互依存関係の中で生きている。そのとき、「自己保存」のために暴力を行使することは果たして許されるのだろうか。こうした問いを提起する際にすぐさま想起されるのは、「自己保存」あるいは「自己防衛（自衛）」という概念が、しばしば戦争を正当化する論理となる、ということだ。「自己」とは誰を意味するのだろうか。「私」なのだろうか、それとも「私の家族」なのだろうか、あるいは、私を含む「共同体」あるいは「国民」なのだろうか。このように、「自己」の範囲は解釈次第で無尽蔵に拡大され得る。しかし、そもそも私たちは、「決して選択しなかった人々と常に結び付いていることに気付く(2)」ような共同存在なのであって、自己保存の「自己」が、人口《ポピュレーション》＝住民を、守る価値のある人口と守る価値のない人口に分割する機能を持つことに自覚的でなければならない。

もし私が守る自己が、私、私の親族、私の共同体や国家や宗教に属するその他の人々、あるいは私と言語を共有する人々であるとすれば、そのとき私は、自分に似た人々の命は保存するが、私に似ていない人々の命は保存しない私的コミュニタリアンのように見える。さらに私は、その「自己」が自己として認識可能である世界に住んでいるように見える。特定の自己は守る価値があると見なされ、他の人はそうでない、と私たちが考えるなら、そこには、自己防衛のための暴力を正当化することから帰結する不平等の問題が存在するのではないだろうか。私たちは、価値ある（そして喪失された場合、潜在的な哀悼可能性を持つ）生とそうでない生をグロテスクに区別する人種的図式を考慮することなく、世界各地の諸集団に哀悼可能性の尺度を与えるこの形式の不平等を説明することはできないのである。（序章、二〇―二一頁）

守る価値のある特定の自己とそれ以外の人々を分割するとき、私たちはフーコーの言う生政治的統治に加担している。後に述べるように、生政治は人口＝住民を二つに分割し、その生存可能性を差異化＝差別化する。バトラーの非暴力の哲学は、そうした人口＝住民の差異的＝差別的分割そのものを許容しない。非暴力の原理に例外はなく、自己保存、自己防衛のための暴力を正当化することはできない。非暴力の原理に例外を設けることは、近親者や自分に近しい者を守るために暴力を行使することは許される、という原理を帰結するが、それこそがナショナリズム、レイシズムや、それに基づいた国家同士の戦争を正当化する論理になるからだ。非暴力に例外を設けることは、暴力を行使してはならない集団と暴力を行使可能な集団との間に境界線を引くことであり、フーコー的な意味でのレイシズムの原理に直結している。

非暴力の哲学は他者との相互依存の原理に依拠するが、それは同時に、環境との相互依存をも含意している。人間は生物として、広大な地球環境の中のごく一部を占めるにすぎない。地球環境と人間との相互依存は、私たちに地球環境との共生を命じているのだ。資本主義が地球環境の開発《エクスプロイテーション》＝搾取を加速度的に進行させ、地球温暖化や公害を生み出している今日、地球環境を考慮しない哲学は、哲学ではあり得ない。端的に言えば、気候変動と環境破壊（放射能汚染を含む）を考慮しない哲学は、人間と環境の相互依存を思考しない点で、哲学として意味をなさないのである(3)。その意味で、利潤追求のために環境破壊を行う資本と国家の暴力に抵抗することも、非暴力の哲学の課題の一つである。

暴力的行動からの防衛においてしばしば用いられる自己保存という政治的概念は、自己の保存が地球の保存を必要としており、私たちは自己維持的存在としての地球環境の「中に」いるのではなく、地球が存続する限りにおいてしか存続しない、という点を考慮していない。人間にとって当てはまることは、生の持続のために無害な土壌ときれいな水を必要とするすべての生物にとっても当てはまる。もし私たちの誰かが生存し、繁栄し、良い生を送るよう試みるべきだとすれば、それは他者たちと共に生きられた生であろうし、そうした他者たちなしではいかなる生も存在しないような生であろう。私はこうした条件下にあるこの「私」を失うことはないだろう。むしろ、もし私が幸運で、世界が正しければ、私が誰であれ、私は他者たちとの結び付きによって、私を変化させ維持する接触の諸形式によって、絶え間なく維持され変容させ

られるだろう。（終章、二〇四―二〇五頁）

私たちは「地球が存続する限りにおいてしか存続しない」がゆえに「自己の保存〔は〕地球の保存を必要と」する、というバトラーの言葉は、非暴力の哲学が、他者との共存の哲学であるのみならず地球環境との共存の哲学でもあることを、明確に物語っている。私たちは地球環境（ネグリ＝ハートならそれを〈共〉《コモン》と呼ぶだろう）[4]との共生のために、私たちの環境と生を破壊する国家と資本の暴力に抵抗しなければならないのである。

2　反レイシズムから国家暴力の批判へ――フーコー、ファノン、ベンヤミン

バトラーは第三章において、非暴力の哲学の本質的課題として、レイシズム的暴力をいかに防止するかという課題を提示する。彼女はレイシズムを、フーコー的生政治の観点から分析している。フーコーは、講義録『社会を防衛しなければならない』で生政治の枠組みを採用し、生を二つのカテゴリーに分割する統治テクノロジーを析出した。フーコーは同講義で次のように述べている。

一九世紀の政治的権利の最も巨大な変化の一つとはまさに、この君主権の古くからの権利――死なせるか、それとも生きるに任せるか――が、別の新しい権利によって、取って代わられは

しないにせよ、補完されたことだと思うのです。この新しい権利は、最初の権利を消し去ることなく、それに浸透し、それを貫き、修正し、まったく正反対の権力となっていくでしょう。すなわち、生き「させ」、死ぬに「任せる」権力〔pouvoir de « faire » vivre et de « laisser » mourir〕のことです。君主権の権利とは、死なせるか、それとも生きるに任せるか、という権利です。それに続いて新しい権利が、すなわち、生きさせ、死ぬに任せる権利が配置されるのです。(5)

生政治は人間の生を、「生きさせる」べき人口と、「死ぬに任せる」人口の二つのカテゴリーに分割し、前者を労働力として活用すべく保護し、後者を権力の保護対象から除外する。このような操作を行うのは、まさしく主権権力と生権力が一体となった国家レイシズム、あるいは制度的レイシズムである（バトラーが参照する『社会を防衛しなければならない』一九七六年三月一七日講義は、その全体が国家レイシズムの分析に充てられている）。ブラック・ライヴズ・マターが問題化する黒人に対する警察暴力も、まさしくこの観点から分析することができる。警察権力は、国家レイシズムの図式に従って白人たちを優先的に保護するが、黒人たちを「使い捨て可能な存在」、「犯罪者予備軍」と見なして彼ら／彼女らにしばしば過剰な暴力を行使するのである。

バトラーは、フーコーの生政治を彼女自身の観点から読み換え、レイシズムが人口集団を、死に際して「哀悼可能な」人口と「哀悼不可能な」人口の二つのカテゴリーに分割するものだと考える。哀悼可能性とは、「その生が失われればその死が哀悼されるような生きた人口として承認され得る」可能性のことであり、それは「ある集団あるいは共同体によって、あるいはある言説の観点内で、あるいはある政策もしくは制度の観点内で、ある人間集団（恐らくはある人口）に付与される特徴」である（第三章、一一三頁）。端的に言えば、哀悼可能と見なされた人口とはマジョリティのことであり、哀悼不可能と見なされた人口とはマイノリティのことなのだ。そのとき国家は、国家レイシズムに基づいて、諸人口集団に対して哀悼可能性を差異的＝差別的に配分するのであり、有色の人々、移民、性的マイノリティなどマイノリティにはいかなる哀悼可能性も付与されない。換言すれば、彼ら／彼女らは生者とは見なされていないのであり、「もし非生者の人口が破壊されるとすれば、そのとき注目すべきことは何も起こっていない」（第三章、一一九頁）のである。

またバトラーは、フランツ・ファノンに依拠しながら、黒人に対するレイシズムは、白人による「歴史的‐人種的図式」によって生み出されると考える。[6] 黒人は自己を一人称で認識する過程（相互主観的に形成される「身体図式」の形成過程）において、白人が作り出す三人称の「歴史的‐人種的図式」に巻き込まれ、最終的に後者の図式によって自己認識を行うことを強制される。それによって、黒人は「ある本質を黒人の生へと固定する」（第三章、一二〇頁）「人種的‐皮膚的図式」へと還元されるのである。ファノンは『黒い皮膚・白い仮面』において、この光景を次のように描写する。

> 私としては、身体図式の下に歴史的‐人種的図式［schéma historico-racial］を作り上げてあった。私の用いた素材は、「特に触覚的、内耳前庭的、運動的かつ視覚的性格の感覚や知覚の残滓」によって提供されたのではなく、無数のディテール、逸話、物語で私を織り上げた他者、すな

わち白人によって提供されたのであった。私は生理的自我を構成し、空間の平衡を保ち、感覚の位置付けを行えばよいものと考えていた。ところが私はさらに、それ以上のことを要求されたのであった。

「ほら、ニグロ！」。それは通りがかりに私を小突いた外的刺激だった。私はかすかに微笑んだ。

「ほら、ニグロ！」。それは事実だった。私は面白がった。

「ほら、ニグロ！」。輪は次第に狭まった。私はあけすけに面白がった。

「ママ、見て、ニグロだよ、僕怖い！」。怖い！ 怖い！ この私が恐れられ始めたのだ。私は腹を抱えて笑おうとした。だがそうできなくなってしまった。

もう駄目だった。というのは、さまざまな伝説、作り話、いや歴史そのもの、そして特にヤスパースが私に教えてくれた歴史性が存在することを私は既に知っていたからである。身体図式は四方からの攻撃を受けて崩壊し、人種的‐皮膚的図式［schéma épidermique racial］が取って代わった。[7]

ここで注意すべきは、「歴史的‐人種的図式」は白人が作り上げて黒人へと押し付けるものであり、そうした三人称的図式を一人称的に引き受けることで、黒人の中に「人種的‐皮膚的図式」が形成される、ということである。むろん、国家レイシズムもこうした「歴史的‐人種的図式」を採用しており、そうした体制の中で、黒人への警察暴力のような不条理な行為が正当化される。また、警官の認識もこうした「歴史的 - 人種的図式」によって固定化されており、それゆえ無実の武装していない黒人が警官に背を向けて逃げるとき、彼/彼女はまさに攻撃を行いつつある犯罪者として、警官の攻撃の対象になるのである。精神分析的に言えば、そのとき攻撃者である警官の攻撃性が、黒人による警官への攻撃へと《幻想》的に逆転され、黒人への警官の攻撃を正当化している。バトラーは次のように述べる。

徴し付けられていない黒人男性あるいは女性、クィアやトランスジェンダーの人々が、警察官に背を向け、歩いている、あるいは逃げているとき、そして彼らがそれにもかかわらず警察官に射殺されるとき――そしてその行動はしばしば、後に正当防衛として、さらには社会防衛として擁護される――、私たちはこれをどのように理解すべきなのだろうか。このように方向を転換すること、あるいは立ち去ること、逃げ去ることは、実際、警察官が先取りする攻撃的前進なのだろうか。射撃しようと決める警察官、あるいは単に自分が射撃していることを見出す警察官は、熟慮しているかもしれないし、熟慮していないかもしれない。しかし確実だと思われるのは、ある《幻想》がそうした思考過程を捉えており、彼が見る諸々の形象と運動を逆転させ、彼が取るかもしれない致死的行動を予め正当化している、ということだ。警察官が行おうとしている暴力、彼がそのとき振るう暴力は、ある形象、ある人種化された亡霊の形で既に彼の方に移動しており、彼自身の攻撃性を凝縮、逆転させ、彼自身の彼自身に対する攻撃性を行使して、彼自身の行為計画に先駆けて行為し、あたかも夢の中でのように、正当防衛という

彼の後の主張を正当化し、練り上げているのである。（第三章、一二五―一二六頁）

白人が黒人を規定する「歴史的 - 人種的図式」は、主体と他者の関係性を規定する《幻想》として機能し、レイシズム的暴力を生み出す。バトラーはこれを、人種的《幻想》と、あるいはベンヤミン的含意を込めて、人種的《幻　像》《ファンタスマゴリア》（＝一連の《幻想》）と呼ぶだろう。そのとき、「歴史的 - 人種的図式」は明らかに、フーコーが規定する国家レイシズムの、あるいは生政治的レイシズムの重要な構成要素となっている。「歴史的 - 人種的図式」はまさしく人口集団を、哀悼可能な人口と哀悼不可能な人口に分割する認識論的図式なのである。

ここで、非暴力の哲学にとってのもう一つの本質的課題が浮かび上がる。そのような国家暴力の本質をどのように規定するか、という問題である。ベンヤミンは「暴力批判論」の中で、法措定的暴力と法維持的暴力を区別するが、それらはいずれも、国家が暴力装置を独占し、その暴力を法的で非暴力的なものと位置付けるための手段でしかない。それに対して、国家は自らの法体制の暴力性を批判する非暴力的抵抗行為を、極めて不合理な仕方で「暴力的なもの」と定義する。この点について、バトラーは次のように問題を提起している。

この点で私たちが理解できるのは、ベンヤミンの考えでは、「批判」と呼ばれる何か――それは正当化図式の生産と自己正当化を問いただす――が、そうした図式そのものの批判を抑制しようとする権力の観点からは「暴力」と呼ばれ得る、ということだ。実際、ベンヤミンにとって、法的暴力の枠組み――その中で正当化図式が確立される――を疑問に付すようないかなる探究、いかなる言明、いかなる行動もそれ自体「暴力的」と呼ばれるのであり、そうした根本的な疑問形式への反対は、法の支配への脅威を抑制し、鎮圧するための法的努力として理解されるだろう。他方で、ベンヤミンはこうして、法体制に対する批判的関係は、それが非暴力的手段で追求される際も定義上暴力的なものである、という誤った告発の正体を暴く手段を私たちに提供してくれる。他方で、批判の立場とは、法的枠組みの内部で確立された正当化図式を受け容れない立場であり、法体制の脱構成を主目的とすると思われる立場なのだ。（第三章、一四〇―一四一頁）

例えば、ベンヤミンは「暴力批判論」でゼネストを、法的暴力を無化するための非暴力的手段と位置付けるが、国家は不当にもこれを「暴力的なもの」と規定する。実際ゼネストとは、労働の拒否であり、完全に非暴力的な行為であって、それゆえ最も根本的な意味で資本主義と国家の「暴力」を「批判」する手段なのだ。ベンヤミンは言っている。「[……] プロレタリア・ゼネストが引き起こしかねない破局を考えてこれに暴力という烙印を押したがるような考えは、どんな考えであれ、取るに足りない。[……] 効果のみに眼を留める国家暴力は、まさに非暴力的なプロレタリア・ゼネストをこそ――これと、事実上は恐喝的な大部分の部分ストライキとは対照的なのに――暴力呼ばわりして、これに真っ向から対峙してくる(8)」。バトラーにとって「暴力批判論」が重要なのはこの点においてであり、国家の暴力性を打倒する「神的暴力」とは、実は物理的暴力のことではなく、法的暴力を批判するゼネストのような非暴力的抵抗なのである。そのとき、こうした国家暴力に対してどのような仕方で非暴力的抵抗を組織するかが、第四章の課題となる。

3　フロイトの戦争論と非暴力の哲学

第四章においてバトラーは、フロイトが第一次世界大戦を契機として展開した複数の戦争論（一九一五年の「戦争と死についての時評」から、一九三〇年の『文化の中の居心地悪さ』、一九三三年の「戦争はなぜに」まで）を読解しつつ、いかに人間の攻撃性を抑制するかを考察する。『快原理の彼岸』（一九二〇年）以後の後期フロイトによれば、人間主体の中では死の欲動と生の欲動が交差的に作動しており、これら二つの欲動の対立が主体を構成している。そのとき他者への攻撃性を組織するのは死の欲動であり、いかに死の欲動を抑制するかが非暴力の哲学の課題となる。そうした課題に対してフロイトが『自我とエス』（一九二三年）で提示する回答は、超自我の「批判的能力」によって攻撃性を抑制する、というものだ。しかし、超自我は攻撃性を抑制する機能を持つと同時に、それが持つ自己への「批判的能力」が死の欲動によって強化されれば、それは主体そのものを死へと追いやる危険を持つ。このようなアンチノミー的状況をどのように解決すべきか。

バトラー＝フロイトにおいて、暴力の抑制にとって重要なのは超自我の「批判的能力」だが、超自我は同時に権力の代理人として権力を内面化する役割も果たすのであり、人々が暴政的権力を内面化すれば、超自我は逆に攻撃性を帯び、「批判的能力」そのものが無化される危険もある。そのとき、自己と他者への攻撃性は決定的に強化されるだろう（バトラーはここで、トランプのようなポピュリズム的指導者の暴政的権力と、それが引き起こしたレイシズム的暴力や、左派、フェミニズム、クィアに対するバックラッシュを念頭に置いている）。そうした自殺的状況に陥らないために重要なのは「躁病」の「非現実主義」である。フロイトの「喪とメランコリー」（一九一七年）に依拠しつつ、彼女は「躁病とは言わば、抑止なき超自我が自分を破壊してしまうという見込みに対する生物有機体の抗議なのである」と述べ、そこから次のように提起する。

極めてしばしば、メランコリーから超自我へと道がたどられるが、対抗する傾向、すなわち躁病が、破壊への異なった種類の抵抗への糸口となるかもしれない。暴君の打倒を目論む躁病的力は、ある意味で、同一化の持続的紐帯と見なされてきたものを断ち切るための有機体の力なのである。有機体とは既に、身体的なものと心的なものが出会う境界概念であって、従ってこれは、反抗的生の純粋に自然主義的な高まりではない。脱同一化は、自己破壊の力に対抗し、有機体そのものの生存を確保する一つの方法である。躁病は、紐帯を断ち切り、暴君と、暴政が要求する服従化とから脱同一化する限りで、批判的機能を引き受ける――それは危機に関与し、危機を解決しようとし、有機体の生を脅かす力の形態から距離を取るのである。超自我とは、フロイトの考えでは心的制度であるが、それは制度として、社会的形式を引き受ける。それゆえ、暴政は心的服従化に依拠しており、同時に、超自我は暴政のような社会的権力の諸形式を取り入れる。批判的機能の闘争は、そこから自らを解放しようとしている破壊性の社会的形式をまさしく再現することなく、自分自身の破壊を実現してきた紐帯と決別することである。それゆえ暴君の批判は、超自我に向けられているが、生を脅かすその「批判」のヴァージョンを再現することのない批判的機能の行使であり、またそうであることができる。

躁病は、解放されれば自我を裁いて死に導くような、抑制されない超自我の自殺的で殺人的な目的に打ち勝つための唯一の希望である。というのも、そうした力によってのみ、暴君と、服従化の構造となった暴君の論理と決別することができるからだ。（第四章、一七五―一七六頁）

躁病は、「暴君と、暴政が要求する服従化とから脱同一化する限りで」、主体に批判的機能を取り戻し、暴政と暴政の攻撃性に対して闘争を開始する。その意味で、暴政とその攻撃性に対する脱同一化、脱服従化を、バトラーは「躁病」と呼んでいるのだ。躁病の「批判的機能」と「非現実主義」は、バトラーが『権力の心的な生』で「メランコリーを打破する怒り」(9)と定義したものと同じ心的機能であり、権力の暴力に敢然と立ち向かい、その攻撃性を無化しようとする。こうした「非現実主義」は、人間有機体の生を脅かす攻撃性（死の欲動）から身を守り、そうした攻撃性と決別した政治を構築しようとするある種のユートピア主義と同義であり、権力の暴力性に対抗して、暴力から解放された新たな現実を構築する能力を持つだろう。

バトラーはさらに、第四章後半でフロイト＝アインシュタインの往復書簡「戦争はなぜに」を分析しながら、いかに私たちが戦争を引き起こす攻撃性の政治と決別するかを、次のように考察する。

戦争に対して向けられた憎悪は恐らく、主体を暴君から解放する唯一の力である躁病のようなものだろう。両者は、批判的能力の感覚をもう一つの感覚に向けることで、社会的帰属のナショナリズム的、軍国主義的形式と決別するのだ。異議申し立てのデモクラシー化の名において活性化された批判的能力は、戦争に反対し、ナショナリズムの陶酔に抵抗する能力であり、好戦的権威への服従が義務だと主張する指導者に反対する。こうしてフロイトは、連帯感情に依拠した批判的判断力のデモクラシー化を想像している。それは、生を脅かす攻撃性の形式に反対する判断力であり、その批判的表明を含んでいる。もちろん、攻撃性と憎悪はいずれも残存するが、それらは今や、平等を拡大する期待を掘り崩し、私たちの相互接続された生の有機的存続を危険に曝すものすべてに向けられるのである。（第四章、一八八―一八九頁）

戦争を抑制するための唯一の手段は、国家の暴力性と攻撃性に対する批判的能力の育成である。人間主体の教育された「有機的性格」、すなわち死の欲動（タナトス）に対立する生の欲動（エロス）こそが、暴力性と攻撃性に対する「憎悪」を生み出し、他者との相互依存関係を認め、非暴力を帰結するのだ。これは、バトラーが権力の暴力を打破するものとして構想した「躁病」＝「怒り」と同じ機能を持つ。バトラーがその思考を展開するために常に参照し続けてきたデリダは、主権の暴力性に抵抗するために、死の欲動と同じ機能を持つが、残虐性の彼岸に位置する「残虐性なき死の欲動」（歓待、贈与、赦し）に依拠した[10]。それに対してバトラーは、より能動的な仕方で、（暴力と戦争に対する）残虐性なき怒り＝憎悪、すなわちエロスに依拠するのである。ここで、このエロスが集団的な次元を持つことに注意する必要がある。戦争と暴力に対する残虐性なき怒り＝憎悪が集団的次元で展開されれば、それはまさしく戦争と暴力に対抗する「アセンブリ（集合形成）」として、既存の暴力的統治性を転覆するだろう。

結論として、フロイトの戦争論から導かれるのは生物有機体の政治である、とバトラーは喝破する。主体には生の欲動と死の欲動の両価性が存在するが、それを超えて必要になるのは、生の欲動の側に立ち、人間と地球環境全般における相互依存を公然と擁護する政治である。そうした政治こそが、戦争、暴力、死の欲動に対して、生物有機体、生の欲動の側に立って、反戦と非暴力を訴えることができる。この立場から反戦と非暴力の連帯を形成し、暴力的権力に対する異議申し立てを存在論的に組織することこそ、「戦闘的平和主義」としての非暴力の哲学の謂いなのである。

＊

本書はJudith Butler, *The Force of Nonviolence: An Etico-Political Bind*, London: Verso, 2020の全訳であり、翻訳に際して本書のフランス語訳*La force de la non-violence : Une obligation éthico-politique*, Paris : Fayard, 2021と、ドイツ語訳*Die Macht der Gewaltlosigkeit: Über das Etiche im Politischen*, Frankfurt am Main: Suhrkamp, 2020を参照した。原書の副題は「倫理－政治的義務＝束縛」である。bind（義務＝束縛）

という語は、「非暴力」を他者との間に介在する「義務」として提示すると同時に、他者との選択されざる相互依存を「束縛」として提示しており、他者との間の相互依存の「束縛」が「非暴力の力」を「義務」として導く、と読むことができる。

翻訳に際しては、序章と第一章の初稿を清水知子が、第二章から終章までの初稿を佐藤嘉幸が作成し、その後、佐藤が全体を詳細に見直して修正、統一作業を行った。著者のジュディス・バトラー氏は、訳者の質問に対して詳細な回答を下さった。記して感謝したい（Thank you for your kind help, Judith!）。また、青土社の篠原一平氏、足立朋也氏は、私たちの遅々たる作業を暖かくサポートして下さった。最後に心からの感謝を捧げたい。

註

（1）ニ・ウナ・メノス運動と家父長制批判の関係については、以下を参照。ベロニカ・ガーゴ、「身体－領土——戦場としての身体」、石田智恵訳、『思想』第一一六二号、二〇二一年。廣瀬純、「採掘主義と家父長制」、同誌同号。

（2）Judith Butler, *Notes Toward a Performative Theory of Assembly*, Cambridge, Mass.: Harvard University Press, 2015, p. 99. 邦訳『アセンブリ——行為遂行性・複数性・政治』、佐藤嘉幸・清水知子訳、青土社、二〇一八年、一三二頁。他者との「選択されざる共生」については、以下も参照。Judith Butler, *Parting Ways: Jewishness and the Critique of Zionism*, New York: Colombia University Press, 2012. 邦訳『分かれ道——ユダヤ性とシオニズム批判』、大橋洋

一・岸まどか訳、青土社、二〇一九年。

（3）こうした問題を哲学的に思考する日本語での試みとして、以下を参照。篠原雅武、『人新世の哲学——思弁的実在論以後の「人間の条件」』、人文書院、二〇一八年。佐藤嘉幸・田口卓臣、『脱原発の哲学』、人文書院、二〇一六年。なお、気候変動対策のために原発を用いるという方向性は、処理不可能な放射性廃棄物の増大と放射性物質による環境汚染を考慮しない点で、容認不可能な誤謬であることを付言しておく。

（4）バトラーとネグリ＝ハートの思想の関係については、以下で論じた。佐藤嘉幸、「アントニオ・ネグリ＋マイケル・ハート『アセンブリ』」、『現代思想』二〇二二年一月号、特集＝現代思想の新潮流——未邦訳ブックガイド30、青土社、二〇二二年。

（5）Michel Foucault, « *Il faut défendre la société* », *Cours au Collège de France, 1975-1976*, Paris : Gallimard/Seuil, 1997, p. 214. 邦訳『社会は防衛しなければならない』、石田英敬・小野正嗣訳、筑摩書房、二〇〇七年、二四一頁。

（6）バトラーによる、ファノンに依拠したレイシズム的暴力の分析として、以下も参照。Judith Butler, "Endangered/Endangering: Schematic Racism and White Paranoia," in Robert Gooding-Williams, ed., *Reading Rodney King/Reading Urban Uprising*, London: Routledge, 1993; George Yancy, Judith Butler, "What's Wrong With 'All Lives Matter'?," *New York Times*, January 12, 2015. 邦訳「「すべての命は重要だ《オール・ライヴズ・マター》」の何が問題なのか」、佐藤嘉幸訳、『現代思想』二〇二〇年一〇月臨時増刊号、総特集＝ブラック・ライヴズ・マター、青土社、二〇二〇年。

（7）Franz Fanon, *Peau noir, masques blancs*, Paris : Seuil, 1952, p. 90. 邦訳『黒い皮膚・白い仮面』、海老坂武・加藤晴久訳、みすず書房、一九九八年、一三一—一三二頁。

（8）Walter Benjamin, »Zur Kritik der Gewalt«, in *Gesammelte Schriften*, vol. II-1, Frankfurt am Main: Suhrkamp, 1999, pp. 194-195. 邦訳「暴力批判論」、『暴力批判論——ベンヤミンの仕事1』、野村修編訳、岩波文庫、一九九四年、四五頁。

（9）以下を参照。Judith Butler, *The Psychic Life of Power: Theories in Subjection*, Stanford: Stanford University Press, 1997,

Ch. 6 "Psychic Inceptions: Melancholy, Ambivalence, Rage". 邦訳『権力の心的な生――主体化＝服従化に関する諸理論』(新版)、佐藤嘉幸・清水知子訳、月曜社、二〇一九年、第六章「心的な始原――メランコリー、両価性、怒り」。

(10) この点については、以下で詳細に論じた。佐藤嘉幸、『権力と抵抗――フーコー・ドゥルーズ・デリダ・アルチュセール』、人文書院、二〇〇八年、第四章「死の欲動、偶然性、抵抗」。

人名索引

［著者］ジュディス・バトラー　Judith Butler
カリフォルニア大学バークレー校大学院特別教授。主な著書に『ジェンダー・トラブル――フェミニズムとアイデンティティの攪乱』（竹村和子訳、青土社）、『問題＝物質《マター》となる身体――「セックス」の言説的境界について』（佐藤嘉幸監訳、竹村和子・越智博美ほか訳、以文社）、『触発する言葉――言語・権力・行為体』（竹村和子訳、岩波書店）、『権力の心的な生――主体化＝服従化に関する諸理論』（佐藤嘉幸・清水知子訳、月曜社）、『アンティゴネーの主張――問い直される親族関係』（竹村和子訳、青土社）、『生のあやうさ――哀悼と暴力の政治学』（本橋哲也訳、以文社）、『自分自身を説明すること――倫理的暴力の批判』（佐藤嘉幸・清水知子訳、月曜社）、『戦争の枠組――生はいつ嘆きうるものであるのか』（清水晶子訳、筑摩書房）、『分かれ道――ユダヤ性とシオニズム批判』（大橋洋一・岸まどか訳、青土社）、『アセンブリ――行為遂行性・複数性・政治』（佐藤嘉幸・清水知子訳、青土社）など。

［訳者］佐藤嘉幸（さとう・よしゆき）
京都府生まれ。筑波大学人文社会系准教授。京都大学大学院経済学研究科博士課程修了。パリ第10大学博士号（哲学）取得。専門は哲学、思想史。著書に『権力と抵抗――フーコー・ドゥルーズ・デリダ・アルチュセール』（人文書院）、『新自由主義と権力――フーコーから現在性の哲学へ』（人文書院）、『脱原発の哲学』（田口卓臣との共著、人文書院）、『三つの革命――ドゥルーズ＝ガタリの政治哲学』（廣瀬純との共著、講談社選書メチエ）、『ミシェル・フーコー『コレージュ・ド・フランス講義』を読む』（共編著、水声社）、*Power and Resistance: Foucault, Deleuze, Derrida, Althusser* (Verso) など。訳書にミシェル・フーコー『ユートピア的身体／ヘテロトピア』（水声社）、アントニオ・ネグリ＋マイケル・ハート『アセンブリ――新たな民主主義の編成』（共訳、岩波書店）など。

［訳者］清水知子（しみず・ともこ）
愛知県生まれ。東京藝術大学大学院国際芸術創造研究科准教授。筑波大学大学院博士課程文芸・言語研究科修了。博士（文学）。専門は文化理論、メディア文化論。著書に『文化と暴力――揺曳するユニオンジャック』（月曜社）、『ディズニーと動物――王国の魔法をとく』（筑摩選書）、『21世紀の哲学をひらく――現代思想の最前線への招待』（共著、ミネルヴァ書房）、『芸術と労働』（共著、水声社）、『コミュニケーション資本主義と〈コモン〉の探求――ポスト・ヒューマン時代のメディア論』（共著、東京大学出版会）など。訳書にデイヴィッド・ライアン『9・11以後の監視』（明石書店）、アントニオ・ネグリ＋マイケル・ハート『叛逆――マルチチュードの民主主義宣言』（共訳、NHKブックス）など。

非《ひ》暴力《ぼうりょく》の力《ちから》

2022年 8 月 20 日　　第 1 刷発行
2024年 7 月 20 日　　第 3 刷発行

著　者　　ジュディス・バトラー

訳　者　　佐藤嘉幸＋清水知子

発行者　　清水一人
発行所　　青土社
〒101-0051　東京都千代田区神田神保町 1-29　市瀬ビル
電話　03-3291-9831（編集部）　03-3294-7829（営業部）
振替　00190-7-192955

印　刷　　双文社印刷
製　本　　双文社印刷

装　幀　　竹中尚史

Printed in Japan　　ISBN978-4-7917-7486-9　C0010